so schön ist HAMBURG

# so schön ist
# HAMBURG

DELIGHTFUL HAMBURG

HAMBOURG LA BELLE

BELLO HAMBURGO

# inhaltsverzeichnis

# so schön ist hamburg

## VORWORT

Am 29. Juli 1962 erschien ein offener Brief, dessen prominenter Verfasser sich hinter drei Sternchen versteckte. Dieser Brief war an Hamburg gerichtet, die Heimatstadt des Autors. Er war wohlformuliert, aber es handelte sich nicht um eine Huldigung der Stadt, sondern um einen Weckruf, der noch monatelang diskutiert wurde: »... aber ich liebe sie mit Wehmut, denn sie schläft, meine Schöne, sie träumt; sie ist eitel mit ihren Tugenden, ohne sie recht zu nutzen; sie genießt den heutigen Tag und scheint den morgigen für selbstverständlich zu halten – sie sonnt sich ein wenig zu selbstgefällig und lässt den lieben Gott einen guten Mann sein ... Diese Stadt beherbergt ein unglaubliches Reservoir an weltweiter Erfahrung, an geistigem Potential, an realistischer Fähigkeit zur Kalkulation, an Toleranz und Prinzipientreue, an Weitblick und Wagemut. Verehrte Hamburger Gastgeber, liebe Freunde: Wisst ihr eigentlich, was ihr alles in euren Händen haltet?«

Ein paar Monate zuvor, am 16. Februar jenes Jahres, hatte der damalige Polizeisenator Helmut Schmidt (1918–2015) noch das Krisenmanagement während der Sturmflutkatastrophe ebenso kühn wie pragmatisch, jedoch erfolgreich an sich gerissen. Doch nicht nur deswegen gilt er, der spätere SPD-Bundes-kanzler und danach langjährige Herausgeber der »Zeit«, als einer der bedeutendsten Hamburger des 20. Jahrhunderts und als Hanseat durch und durch. Denn seine Worte hatten Gewicht, seine Kritik wurde gehört (interessanterweise umso mehr, je älter er wurde), und obwohl er zeit seines Lebens der Meinung war: »Wer Visionen hat, sollte zum Arzt gehen«, hegte er zumindest den Traum, dass »die Schöne« irgendwann einmal doch aufwachen würde aus ihrem Dämmerschlaf.

Es ist tatsächlich noch gar nicht so lange her, dass ein Tag gereicht hätte, um sich die wichtigsten Sehenswürdigkeiten Hamburgs anzusehen. Das geht heute nicht mehr, ist schlicht unmöglich: Denn diese Stadt, die eigentlich schon immer schön war, hat inzwischen so viel Spektakuläres, Interessantes, Aufregendes und Abwechslung zu bieten wie noch nie in ihrer langen Geschichte. Die Elbphilharmonie und die HafenCity muss man dabei an erster Stelle nennen, denn sie stehen im wahrsten Sinne des Wortes für Aufbruch.

Doch es sind niemals die einzelnen herausragenden Facetten, die zahlreichen großen Events oder auch der »Dauerbrenner« Musical in dieser zweitgrößten deutschen Stadt, die im vergangenen Jahr 2017 für 13,8 Millionen Übernachtungen und mehrere Millionen Ta-gestouristen gesorgt haben – und andererseits auch den rund 1,8 Millionen Hamburgern ein Leben mit höchstem Attraktivitätsfaktor ermöglichen. Man könnte auch sagen: Hamburg hat keine Sehenswürdigkeiten, sondern die ganze Stadt ist eine, ein Gesamtkunstwerk. Und dazu gehört auch die kluge, manchmal vielleicht etwas bedächtige Transformation der sogenannten hanseatischen Tugenden ins globale, digitale, schnelllebige Zeitalter. Hinzu kommen mittlerweile auch eine kräftige Portion Lebenslust und ja, auch ein wenig mehr mediterranes Lebensgefühl sowie das gewachsene Interesse der Bewohner selbst, die nicht nur vermehrt wissen, sondern auch zunehmend mitbestimmen möchten, was alles in Hamburg passiert und warum. Die Anfänge des Wachrüttelns dürfte Helmut Schmidt mitbekommen haben. Doch leider werden wir nie erfahren, was er seiner Heimatstadt heute schreiben würde, der »Schönen«, die erwacht ist.

# delightful hamburg

Although a prominent figure, the author of the open letter published on 29 July 1962 chose to remain anonymous. The letter was addressed to Hamburg, the author's home city. Despite its eloquent turns of phrase, it was not a homage to the city, but rather a wake-up call that was hotly debated in the months that followed: '... *but my love is tinged with sadness, as my beautiful city is sleeping, dreaming; it parades its virtues with vanity and without fully using them; it enjoys today and seems to take tomorrow for granted – it bathes a little too complacently in the sunlight, taking things as they come [...] This city harbours a tremendous reservoir of global experience, intellectual potential, hard-headed analytical skill, tolerance, principle, far-sightedness and courage. Dear hosts of Hamburg, dear friends: do you realise what you are holding in your hands?*'

A few months earlier, on 16 February of that year, the then Senator for Police Helmut Schmidt (1918–2015) showed great audacity and pragmatism as he took charge of efforts to manage the floods that struck the city, successfully bringing them under control. This is just one of the many reasons why Schmidt, who went on to serve as German Chancellor for the Social Democrats and who was publisher of newspaper *DIE ZEIT* for many years, is re-

garded as one of the most influential people to hail from Hamburg in the 20th century and as a man who was Hanseatic to the core. After all, his words carried weight and his criticism was listened to (interestingly, all the more so as he grew older). And despite his belief that 'people with visions should go to the doctor', it was his dream that his delightful city would one day emerge from its slumber.

Indeed, it is not so long ago that one day would have been more than enough to visit all the sights in Hamburg. To do so today would be an impossible feat. This city, which has always been beautiful, now has a greater variety of spectacular, enthralling and exciting attractions than at any other time in its long history. The Elbphilharmonie concert hall and the HafenCity are top of the list, as they represent a new dawn.

However, it is not the stand-out attractions, the numerous big events or the long-running musicals alone that are to thank for the 13.8 million overnight stays and the millions of tourists that flocked to Germany's second-largest city in 2017 – not to mention the superbly attractive lifestyle on offer to the 1.8 million or so Hamburg residents. In other words, it's not just that Hamburg has sights, but rather that the whole city is an attraction

in its own right – a masterpiece. This also encompasses the shrewd and perhaps sometimes slightly cautious translation of Hanseatic values to reflect a fast-paced, global and digital era. The mix is now rounded off by a healthy dose of *joie de vivre* and, yes, a little more 'Mediterranean flair', as well as the greater interest shown by residents themselves, who not only increasingly know what is happening in Hamburg and why, but who also want to have their say in what's going on. Whilst Helmut Schmidt no doubt witnessed the beginnings of this awakening, we will never know what he would write to his home city today – the 'beauty' that has arisen.

# hambourg la belle

Le 29 juillet 1962 paraissait une lettre ouverte dont l'auteur, une personnalité célèbre, se cachait derrière trois astérisques. Cette lettre était adressée à Hambourg, sa ville d'origine. Bien formulé, son texte n'était en aucun cas une élégie, mais un avertissement qui allait faire l'objet de moult discussions dans les mois suivants : « ... mais mon amour pour elle est empli de mélancolie : c'est qu'elle sommeille, ma belle, elle rêve ; elle pavane ses vertus sans vraiment en user ; elle jouit du jour présent et semble tenir pour acquis son lendemain – elle lézarde avec un peu trop de complaisance et se la coule douce (...) Cette ville dispose d'incroyables réserves d'expérience internationale, de potentiel intellectuel, de compétences de calcul réalistes, de tolérance et de sens des principes, de clairvoyance et de hardiesse. Chers hôtes hambourgeois, chers amis : êtes-vous vraiment conscients de ce que vous tenez entre vos mains ? »

Quelques mois plus tôt, le 16 février de la même année, le ministre de l'Intérieur régional de l'époque, Helmut Schmidt (1918–2015), avait pris à bras-le-corps les opérations de gestion de crise durant les grandes inondations avec audace et pragmatisme, entreprise qui lui réussit. Et ce n'est pas la seule raison pour laquelle cette figure qui fut ensuite appelée à

devenir le chancelier allemand pour son parti, la SPD, puis, pendant des années, éditeur de l'hebdomadaire *Die Zeit*, est considérée comme l'un des plus célèbres Hambourgeois du XXᵉ siècle et comme un Hanséate par excellence. C'est que ses mots avaient de l'effet, ses critiques trouvaient de l'écho (ce fut, chose intéressante, d'autant plus vrai son âge avançant). Celui qui, à une époque de sa vie, avait déclaré que « les gens qui ont des visions feraient mieux d'aller chez le médecin », rêvait malgré tout que « la belle » se réveillerait un jour enfin de sa torpeur.

C'est que l'époque où une journée suffisait pour faire le tour des grandes attractions de Hambourg n'est pas si lointaine. Ce n'est plus le cas aujourd'hui, c'est tout simplement impossible : cette ville, qui a toujours été belle, n'a jamais eu autant d'attractions spectaculaires, intéressantes, excitantes et variées. En tête de liste, on se doit évidemment de mentionner l'Elbphilharmonie et la HafenCity, car ce sont là deux véritables symboles du renouveau.

Ce qui fait la spécificité de Hambourg et a permis à la deuxième ville d'Allemagne d'enregistrer 13,8 millions de nuitées et d'attirer plusieurs millions d'excursionnistes en 2017, ce ne sont pas ses particularités marquantes, ses nombreux évènements ou ses comédies

musicales qui font un tabac depuis des années, même si elles offrent également un cadre de vie extrêmement agréable à quelque 1,8 million de Hambourgeois. En fait, on pourrait dire que Hambourg n'a pas d'attractions : elle *est* une œuvre d'art en soi. L'adaptation intelligente, mais parfois peut-être un peu prudente des vertus dites « hanséatiques » à une époque moderne caractérisée par la mondialisation, le numérique et la vitesse n'y est pas pour rien. On peut désormais y ajouter une bonne dose de joie de vivre et, disons-le, un « feeling plus méditerranéen » ainsi qu'un intérêt accru de la population, qui en sait de plus en plus et souhaite davantage pouvoir décider de ce qui se passe à Hambourg et pourquoi. Helmut Schmidt a sans aucun doute pu vivre les débuts de ce réveil. Malheureusement, nous ne saurons jamais ce qu'il aurait écrit aujourd'hui à sa ville natale, sa « belle » bel et bien réveillée.

# bello hamburgo

PREFACIO

El 29 de julio de 1962 apareció una carta abierta en la que tres asteriscos ocultaban el nombre de su famoso remitente. Esta carta estaba dirigida a Hamburgo, la ciudad natal del autor. Estaba bien formulada, pero no era un homenaje a la ciudad, sino una llamada de atención sobre la que se debatió durante meses: «..., pero la amo con melancolía, pues mi bella duerme, sueña; es vanidosa con sus virtudes, aun sin aprovecharlas del todo; disfruta del presente y parece dar por hecho el mañana; se recrea con un exceso de autocomplacencia y lo deja todo a la ventura de Dios... Esta ciudad alberga una reserva increíble de experiencia internacional, de potencial intelectual, de capacidad realista de cálculo, de tolerancia y fidelidad de principios, de visión de futuro y de audacia. Respetados ciudadanos de Hamburgo, queridos amigos: ¿sois conscientes de todo lo que tenéis?».

Un par de meses antes, el 16 de febrero del mismo año, el entonces responsable de Interior Helmut Schmidt (1918–2015) logró solventar con audacia y pragmatismo la crisis derivada de la gran inundación del Elba en la ciudad. No obstante, aquella no fue la única razón por la que él, posterior Canciller del SPD y director durante años del periódico Zeit, se convirtiera en uno de los hamburgueses más importantes del s. XX y considerado hanseá-

tico hasta la médula. Sus palabras tenían peso, se escuchaban sus opiniones (curiosamente más a medida que envejecía) y aunque siempre afirmó que «quién tenga visiones, que vaya al médico», guardaba la esperanza de que algún día «la bella» despertara de su letargo.

En realidad no hace tanto tiempo que bastaba un día para ver los lugares de interés más importantes de Hamburgo. Hoy esto ya no es así, sería imposible: esta ciudad, que siempre ha sido hermosa, ahora ofrece tantas opciones espectaculares, interesantes, emocionantes y cambiantes como nunca antes en su larga historia. La Filarmónica del Elba y la HafenCity deben mencionarse en primer lugar, pues representan el punto de partida en sentido literal.

Sin embargo, lo que ha hecho que la ciudad contara con 13,8 millones de pernoctaciones el pasado año 2017 y con millones de turistas de un día y lo que ofrece a los cerca de 1,8 millones de hamburgueses una vida con un gran atractivo no son solo los aspectos extraordinarios por separado, los numerosos eventos destacados o el musical de éxito permanente en esta, la segunda ciudad más grande de Alemania. De hecho, se podría decir también que Hamburgo no tiene ningún lugar de interés, sino que toda la ciudad es una obra de arte integral. Esto incluye también la transformación inteligente,

a veces quizás algo pausada, de las llamadas virtudes hanseáticas en esta era global, digital y cambiante. A todo ello, ahora hay que añadir también que se percibe una gran dosis de entusiasmo por la vida y sí, también un poco más de «sentir de la vida mediterráneo», así como un creciente interés de los propios residentes, que no solo están más informados, sino que cada vez más quieren determinar todo lo que ocurre en Hamburgo y por qué. Seguro que Helmut Schmidt percibió los comienzos del despertar. Lamentablemente, nunca sabremos qué le escribiría hoy a su ciudad natal, la «bella» que se ha despertado.

Der Hafen ist seit Jahrhunderten Hamburgs »Tor zur Welt«.

The port has been Hamburg's 'gateway to the world' for centuries.

**Depuis des siècles, le port de Hambourg est sa « porte sur le monde ».**

El puerto es la «puerta al mundo» de Hamburgo desde hace siglos.

**Auf dem kleinen Weinberg oberhalb der Landungsbrücken reifen die Trauben für den »Stintfang-Cuveé«.**

The grapes used to make 'Stintfang Cuvée' ripen on the small vineyard overlooking Landungsbrücken.

**Dans le petit vignoble en contre-haut des Landungsbrücken, les vignes de la « Cuvée Stintfang » mûrissent au soleil.**

La uva para el «Stintfang-Cuveé» madura en el pequeño viñedo sobre el muelle de Landungsbrücken.

**Die Einlaufparade zum alljährlichen Hafengeburtstag, dem weltweit größten maritimen Volksfest.**

The Grand Arrival Parade at the annual Port Anniversary, the world's largest maritime festival.

**La parade d'arrivée de l'« anniversaire du port » annuel, la plus grande fête maritime populaire au monde.**

El desfile por el aniversario anual del puerto: la fiesta popular marítima más grande del mundo.

**Die Elbphilharmonie sei »eines von 100 Bauwerken, das man einmal im Leben gesehen haben muss«, schrieb die *New York Times*.**

The Elbphilharmonie is one of 100 buildings 'that you have to have seen in your life', wrote the *New York Times*.

**L'Elbphilarmonie est l'« un des 100 monuments à voir au moins une fois dans sa vie » selon le *New York Times*.**

La Filarmónica del Elba es «una de las 100 obras arquitectónicas que hay que ver una vez en la vida», según el *New York Times*.

**Ein Blick von der Petrikirche hinunter auf den Rathausmarkt, wo Hamburgs Generalmusikdirektor Kent Nagano ein Open-Air-Konzert dirigiert.**

The view from St Peter's Church looking down over Rathausmarkt square as Hamburg's General Music Director Kent Nagano conducts an open-air concert.

**Vue de l'église Saint-Pierre (Petrikirche) sur la place de l'hôtel de ville, où le directeur musical Kent Nagano dirige un concert en plein air.**

Una vista desde la Petrikirche hacia la plaza Rathausmarkt, donde el director general de orquesta Kent Nagano dirige un concierto al aire libre.

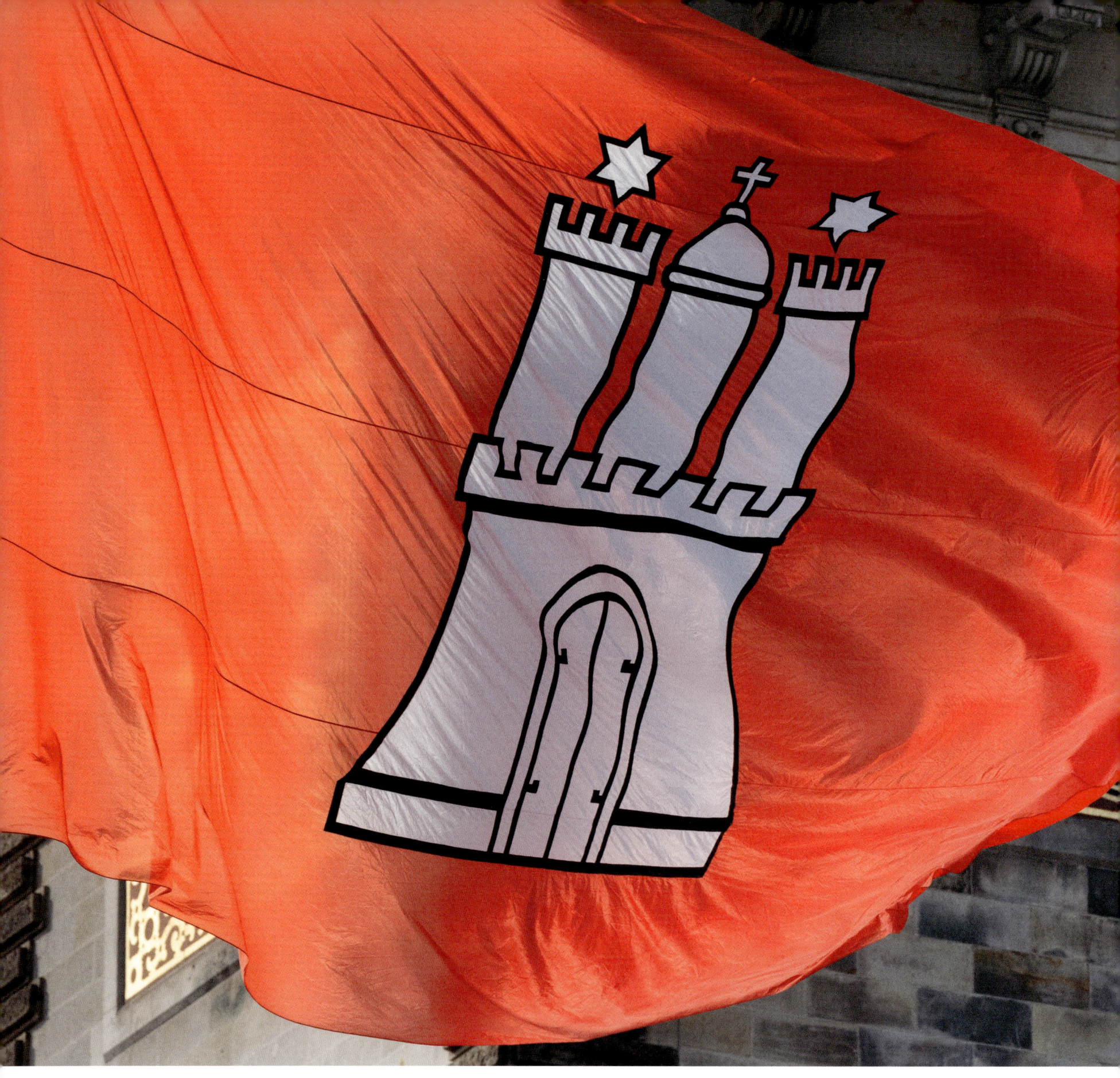

**Das Hamburger Stadtwappen, hier vor dem Hamburger Rathaus, darf nur von Behörden und Anstalten des öffentlichen Rechts verwendet werden.**

Hamburg's coat of arms, shown here in front of Hamburg Town Hall, may only be used by official agencies and public bodies.

**Les armoiries de Hambourg, ici devant l'hôtel de ville, ne peuvent être utilisées que par les administrations et les établissements publics.**

El escudo de Hamburgo, aquí delante del Ayuntamiento, solo lo pueden utilizar las autoridades e instituciones públicas.

# lebensgefühl

lifestyle
atmosphère
actitud hacia la vida

Das Lebensgefühl in Berlin mag atemberaubender sein und in München auf bierselige, nicht selten aber auch auf ruppige Art lebensfroher. Hamburgs Lebensgefühl lässt sich diesbezüglich mit einem einzigen Adjektiv definieren: Es lautet »hanseatisch«, und die dazugehörigen Tugenden sind den Glücklichen, die in Hamburg zur Welt kommen und sich daher – offiziell von der dritten Generation an – als »Hanseaten« bezeichnen dürfen, vermutlich angeboren. Bescheidenheit, Freiheitsliebe, Nüchternheit, Pragmatismus, Patriotismus, Bürger- und Familiensinn, Großzügigkeit, Weltoffenheit, Traditionsbewusstsein,

# wie die hamburger ticken

## LEBENSGEFÜHL

Toleranz, Verantwortungsgefühl – bei gleichzeitiger Attitüde zum britischen Understatement (das auf den historisch gewachsenen Beziehungen der Kaufleute zu Londons Kontorhäusern beruht) – kann man eben nicht lernen. Eine Narretei der menschlichen Evolutionsgeschichte, möchte man meinen – wobei es nur ein Gerücht ist, dass Hanseatinnen im grauen Twinset und Hanseaten im blauen Blazer mit Goldknöpfen das Licht der Welt erblicken.

Keinen Spaß verstehen Hanseaten, wenn es um Geld geht. Es gilt zwar nicht als Makel, ein Vermögen anzuhäufen, aber es wäre eine Schande, über Geld zu reden oder gar zu zeigen, dass man es besitzt. Rund 40.000 Millionäre und etwa 16 Milliardäre residieren in Hamburg, die meisten von ihnen unerkannt, und sie leben nicht zwingend an der Elbchaussee. Sollte ein Hanseat mal Pelz tragen, dann als Innenfutter seiner Barbourjacke. Die

Ausnahme bezüglich des gelebten Understatements bildet Sylt, die Insel mit jodhaltigem Reizklima im nordfriesischen Wattenmeer – in Wahrheit jedoch die bevorzugte Hamburger Sommerfrische in Stadtrandlage, wo man es unter seinesgleichen krachen lassen kann.

Denn Geiz gilt an Alster und Elbe als Todsünde. Hier muss man die Altvorderen loben, die stets den Status quo einer bürgerlich geprägten Freien und Hansestadt präferierten, anstatt sich von blaublütiger Gunst abhängig zu machen. So thronen auch die Statuen, mit denen an der Fassade des Rathauses die bürgerlichen Berufe repräsentiert werden, über den

20 dort verewigten deutschen Kaisern und Königen. Dafür wird von den Bürgern persönliches oder finanzielles Engagement zum Wohl der Stadt erwartet. Am besten beides. Von einer »Tyrannei des Gemeinsinns« wollen Hanseaten jedoch nichts wissen. Sie spenden gern und reichlich und wollen dafür keine Orden, denn das ziemt sich nicht. Es kommt also nicht von ungefähr, dass Hamburg mit mehr als 1.400 ansässigen rechtsfähigen Stiftungen die Stiftungshauptstadt des Landes ist, seit 1996 sogar mit einem demokratischen Spendenparlament. Werden Mäzene doch einmal mit überschwänglichem Dank konfrontiert, antworten sie kurz und bündig: »Da nich für!« Zu Hochdeutsch: »Gern geschehen!«

Doch die freien Bürger pochen seit einigen Jahren zunehmend auf ein direktes Mitspracherecht bei politischen Entscheidungen, die das Wohl und Wehe ihrer Stadt betreffen. So verhinderten sie erfolgreich den Bau einer

Seilbahn über den Hafen und erteilten auch der Hamburger Bewerbung für die Olympischen Sommerspiele 2024 per Referendum eine Absage. Noch mehr Gäste und Tourismus, so lautete ihr Argument, könne die Stadt nicht vertragen. Dabei war und ist das Fremde den Hanseaten nicht fremd, und dafür ist der Hafen ursächlich verantwortlich: Je enger die Welt zusammenwuchs, je mehr Hamburger Kaufleute in die weite Welt hinausschipperten und mit exotischen Waren und Eindrücken zurückkehrten, desto besser konnte sich die viel zitierte »Hamburger Weltoffenheit« entwickeln. Und das ist auch gut so, denn mittlerweile hat von den rund 1,8 Millionen Einwohnern schon mehr als jeder dritte ausländische Wurzeln. Die Hanseaten reagieren im Allgemeinen tolerant, gelassen und interessiert auf die sich verändernde Zusammensetzung der Stadtgesellschaft. Sie stellen fest, dass die kulturellen Einflüsse dieser Menschen aus der ganzen Welt das urbane Hamburger Leben (noch) bunter und (noch) vielseitiger gestalten. Hanseaten halten es da ganz mit einigen ihrer Ersten Bürgermeister (sagen Sie bitte niemals – wirklich niemals – »Oberbürgermeister«) der Nachkriegsära wie Klaus von Dohnanyi, Ulrich Klose, Ole von Beust und zuletzt Olaf Scholz, »die die Welt im Blick hatten, denen Hamburg aber immer Welt genug war«, wie es die Tageszeitung »Die Welt« einmal galant formulierte.

Hanseaten verlieren übrigens nur dann ihre Contenance, wenn sie – in der Regel von ahnungslosen Musicaltouristen aus dem Schwäbischen – als »Fischköppe« bezeichnet werden. Darauf gibt es nur eine herablassende Antwort: »Meinten Sie vielleicht die Bremer?«

The flair in Berlin may well be more exhilarating, and Munich may well be more fun-loving in a gruff, beery kind of way. The flair in Hamburg can be summed up in a single word: 'Hanseatic' – and those fortunate enough to be born in Hamburg (who are entitled to refer to themselves as 'Hanseatic' if at least two previous generations were born in the city) probably inherit the virtues that go along with the term. After all, modesty, a love of freedom, level-headedness, pragmatism, patriotism, a sense of civic and familial duty, generosity, a cosmopolitan outlook, respect for tradition, tolerance, responsibility – coupled with an attitude akin to British understatement (which stems from the historic mercantile ties between Hamburg and London) – are not values that you can learn. One could be tempted to think of it as a fluke of human evolution, although it really is just a rumour that Hanseatic girls are born wearing a grey twinset and Hanseatic boys a blue blazer with gold buttons.

*Hanseaten* take the issue of money seriously. Whilst amassing a fortune is not regarded as inappropriate, talking about money – let alone showing it off – would be seen as a *faux pas*. Hamburg is home to some 40,000 millionaires and about 16 billionaires, most of whom live quietly and not necessarily on the Elbchaussee. Should a *Hanseat* happen to wear fur, then it will be lined with their Barbour jacket. The exception that proves the rule of understatement is Sylt, an island with a bracing, iodine-rich climate in the North Frisian mudflats (although in reality, many people prefer to spend the fresh Hamburg summer on the outskirts of the city, where they can let their hair down in like-minded company).

After all, stinginess is a cardinal sin on the banks of the Alster and Elbe. One has to pay tribute to the city's forefathers, who always preferred the status quo of a Free and Hanseatic City with a strong civic society to being reliant on the favour of the aristocracy. It is therefore no coincidence that the statues on the facade of the *Rathaus* (town hall) symbolising civic professions are situated *above* the 20

German emperors and kings immortalised on the building. In return, citizens are expected to make a personal or financial contribution to the good of the city. Ideally both. But there is no danger of *Hanseaten* succumbing to a 'tyranny of public spiritedness'. They give happily and generously and expect no honours in return, as that would simply not be befitting. However, it is no coincidence that Hamburg is the 'foundation capital' of Germany, with more than 1,400 legally established foundations domiciled in the city, and has even had a democratic charitable parliament since 1996. Whenever they do receive effusive thanks, patrons simply respond with a brisk 'don't mention it' in the local dialect.

For several years, Hamburg's population has increasingly insisted on the right to be directly consulted on political decisions that affect life in their city. They successfully blocked the construction of a cable car above the port, for instance, and rejected Hamburg's bid to host the 2024 Summer Olympics in a referendum, arguing that the city would be unable to cope with even more visitors and tourism. Nevertheless, the Hanseatic outlook remains open to other cultures, which is due to the port: as the world grew smaller, more and more Hamburg merchants set sail to faraway places, coming back with exotic wares and tales – laying fertile ground on which Hamburg's much-vaunted cosmopolitan mindset could grow. And it's a good thing too, as more than one in three of the city's 1.8 million residents now have foreign roots. Generally speaking,

# what makes the locals tick

## LIFESTYLE

*Hanseaten* respond to the changing composition of the city's society in a tolerant, laid-back and interested manner. They realise that the cultural influences of people from all over the world make urban life in Hamburg even richer and more diverse. They are similar to some of the city's First Mayors in the post-war era (please never – and we mean never – say 'Lord Mayor') such as Klaus von Dohnanyi, Hans-Ulrich Klose, Ole von Beust and, most recently, Olaf Scholz, 'who always looked out towards the world, but for whom Hamburg was enough of a world in itself,' as the newspaper *Die Welt* so charmingly put it.

*Hanseaten* only ever lose their composure when they are called *Fischköppe* ['fish heads', a pejorative term used to describe northern Germans], mostly by clueless musical tourists from Swabia. The usual disdainful response: 'sorry, I'm not from Bremen.'

La vie à Berlin a peut-être davantage de quoi impressionner et celle de Munich un côté plus gai, dans une ambiance plus arrosée et souvent bourrue. À cet égard, on pourrait définir la vie à Hambourg par un seul adjectif : hanséatique. Les vertus qui la caractérisent sont sans doute innées à toute personne assez chanceuse pour être née à Hambourg et pouvant ainsi se qualifier de « Hanséate », privilège réservé, officiellement, aux Hambourgeois de troisième génération. Après tout, on ne peut apprendre la modestie, le libertarisme, le prosaïsme, le pragmatisme, le patriotisme, le civisme, l'esprit de famille, la générosité, l'ouverture, la tolérance, le sens des traditions et des responsabilités, le tout mêlé à une tendance à l'*understatement* tout britannique (fruit des relations historiques des marchands avec les maisons londoniennes). On pourrait penser qu'il s'agit là d'une aberration de l'évolution humaine. Cependant, ce n'est qu'une rumeur que les demoiselles hanséates viennent au monde vêtues d'un twin-set gris et leurs frères d'une veste bleue aux boutons dorés.

En revanche, quand il s'agit d'argent, les Hanséates perdent tout sens de l'humour. Accumuler une fortune n'est certes pas considéré comme une tare. Cependant, ce serait une

# la mentalité hambourgeoise

## ATMOSPHÈRE

honte que de parler d'argent ou de montrer qu'on en a. Quelque 40 000 millionnaires et 16 milliardaires ont élu domicile à Hambourg. La plupart d'entre eux restent incognito et ils ne vivent pas forcément le long de la cossue Elbchaussee. Lorsqu'un Hanséate porte de la fourrure, c'est comme doublure de sa veste

Barbour. Sylt est la seule exception à cet *understatement* du quotidien : cette île au climat vivifiant et iodé située dans la mer des Wadden, au large de la Frise septentrionale, est en fait le lieu de villégiature préféré des Hambourgeois pour badiner au bord de la mer entre gens du même acabit.

Sur les bords de l'Alster comme de l'Elbe, l'avarice est un péché mortel. Cela, on le doit au fait que les aïeux hambourgeois ont toujours préféré privilégier le *statu quo* d'une ville libre et hanséatique marquée par la bourgeoisie à toute dépendance vis-à-vis de la noblesse. Et c'est ainsi que les statues représentant les métiers bourgeois sur la façade de l'hôtel de ville de Hambourg sont situées *au-dessus* des 20 rois et empereurs qui y sont immortalisés. En contrepartie, on attend des citoyens qu'ils s'engagent personnellement ou financièrement en faveur de leur ville (les deux, si possible). Cependant, point de « tyrannie du civisme » : les Hanséates donnent volontiers et sans compter... et sans exiger de médaille du mérite en retour. Ça ne se fait pas ! Ce n'est pas par hasard si Hambourg est la capitale des fondations, avec plus de 1 400 structures dotées de la personnalité juridique. Depuis 1996, elle dispose d'un « parlement des dons »

démocratique (« Spendenparlament »), une association chargée de répartir les dons. Et si, pour une fois, les mécènes se voient couverts de gratitude, ils répondent par un simple et bref « c'est tout naturel » plein de retenue.

Depuis quelques années, les Hambourgeois revendiquent cependant davantage de

pouvoir dans les décisions politiques concernant le devenir de leur ville. C'est ainsi qu'ils ont empêché la construction d'un téléphérique au-dessus du port et se sont opposés à l'organisation des Jeux olympiques d'été de 2024 dans le cadre d'un référendum. La ville ne peut accueillir davantage de visiteurs et de touristes, argumentent-ils. Ce refus n'a rien à faire avec une quelconque peur de l'étranger : l'étranger, ils le connaissent bien, grâce au port, à l'origine : les distances se réduisant, les négociants hambourgeois se sont lancé à l'assaut du monde, revenant chargés de marchandises et d'histoires exotiques. Et c'est ainsi qu'a pu se développer l'ouverture au monde caractéristique de Hambourg. Et c'est très bien ainsi : sur quelque 1,8 million d'habitants, plus d'un tiers de la population est issue de l'immigration. Dans l'ensemble, les Hanséates sont tolérants et flegmatiques et s'intéressent à l'évolution de la composition de la société urbaine. Ils se rendent bien compte que les influences culturelles dont leur font bénéficier ces nouveaux venus du monde entier font de Hambourg un cadre (encore) plus riche et varié. À cet égard, ils sont du même avis que certains de leurs « Premiers maires » de l'après-guerre, tels que Klaus von Dohnanyi, Ulrich Klose, Ole von Beust ou, plus récemment, Olaf Scholz, « qui n'ont pas perdu le monde de vue, mais pour qui Hambourg était déjà un petit monde à part entière », comme l'a élégamment formulé le quotidien allemand *Die Welt*.

Par ailleurs, la seule occasion où les Hanséates perdent de leur contenance est lorsqu'ils s'entendent qualifier de *Fischköppe* (littéralement « têtes de poisson »), généralement par des touristes de Souabe ignorants venus assister une comédie musicale. Ils ne s'abaissent alors qu'à répondre une chose : « Vous voulez parler des Brêmois, j'imagine ? ».

La actitud hacia la vida en Berlín quizás sea más deslumbrante y, en Múnich, con su cerveza, más alegre. Por su parte, la actitud vital en Hamburgo se puede definir con un único adjetivo: «hanseático», y a él se asocian unas virtudes supuestamente innatas en aquellos afortunados que nacen en Hamburgo y que por ello (oficialmente a partir de la tercera generación) pueden llamarse «hanseáticos». La modestia, el amor a la libertad, la objetividad, el pragmatismo, el patriotismo, el civismo y el sentimiento familiar, la generosidad, el cosmopolitismo, el tradicionalismo, la tolerancia, el sentido de la responsabilidad acompañados de ciertos aires de sobriedad británica (basada en las relaciones históricas de los comerciantes con los edificios de oficinas de Londres) simplemente son características que no se pueden aprender. Es solo un rumor, pero se dice que, por una particular deriva de la historia de la evolución humana, las hanseáticas nacen con un *twinset* gris, y los hanseáticos, con la típica chaqueta inglesa azul marino con botones dorados.

Cuando se trata de dinero, los hanseáticos no bromean. Si bien no es despreciable que alguien amase una fortuna, sí sería una vergüenza hablar de dinero o siquiera hacer ostentación de que se tiene. Cerca de 40 000 millonarios y alrededor de 16 multimillonarios residen en Hamburgo, la mayoría de ellos sin ser reconocidos, y no necesariamente viven en la avenida Elbchaussee. Cuando un hanseático lleva pieles, lo hace en el forro de su chaqueta Barbour. En cuanto a la sobriedad, la única excepción se encuentra en Sylt, la isla con un estimulante clima yodado en las marismas frisonas septentrionales: sin duda, el lugar favorito de veraneo a las afueras de Hamburgo, donde disfrutar a lo grande entre los semejantes.

La tacañería junto al Alster y al Elba es pecado mortal. Hay que reconocer el mérito de los antepasados que siempre prefirieron el statu quo de ciudad burguesa libre y hanseática a depender del favor de los de sangre azul. Esta también es la razón por la cual las estatuas que representan las profesiones burguesas en la fa-

chada del ayuntamiento están colocadas *sobre* los 20 káiseres y reyes allí inmortalizados. A cambio, se espera que los ciudadanos se comprometan personal o financieramente con el bienestar de la ciudad. O mejor ambas. Sin embargo, los hanseáticos no quieren ni oír hablar de una «tiranía del interés común». Donan con gusto y abundancia sin colgarse medallas

# cómo son los hamburgueses

ACTITUD HACIA LA VIDA

por ello, pues iría en contra de sus principios. No es casualidad que Hamburgo sea la capital de las fundaciones del país, con sus más de 1400 fundaciones con capacidad jurídica domiciliadas e incluso con un parlamento democrático de donaciones (una asociación registrada) desde 1996. El agradecimiento exaltado a los mecenas será respondido de manera breve y concisa con un «*Da nich für!*», expresión dialectal que quiere decir «¡De nada!».

Además, desde hace algunos años, los ciudadanos insisten cada vez más en su derecho de intervención directa en las decisiones políticas que afectan al futuro de la ciudad. Así, lograron impedir la construcción de un teleférico sobre el puerto y también rechazaron en referéndum la candidatura de Hamburgo para los Juegos Olímpico de verano de 2024. Argumentaron que la ciudad no podría soportar más visitantes ni turismo. Pese a todo, los forasteros no son extraños para los hanseáticos y el puerto tiene la culpa de esto: cuanto más conectado estaba el planeta, más comerciantes de Hamburgo se echaban al mar para navegar por el ancho mundo y regresar con mercancías e impresiones exóticas, y mejor se podía desarrollar la tan citada «actitud cosmopolita de

Hamburgo». Esto fue positivo, pues hoy en día más de un tercio de los cerca de 1,8 millones de habitantes es de origen extranjero. En general, los hanseáticos reaccionan con tolerancia, tranquilidad e interés ante la composición cambiante de la sociedad de la ciudad. Son conscientes de que las influencias culturales de estas personas de todo el mundo hacen que la vida urbana sea (aún) más viva y (aún) más variada. Los hanseáticos están muy orgullosos de algunos de sus primeros alcaldes del período posterior a la guerra, como Klaus von Dohnanyi, Ulrich Klose, Ole von Beust y, más recientemente, Olaf Scholz, «que siempre tuvieron en cuenta el mundo, pero para quienes Hamburgo siempre fue mundo suficiente», como una vez expresó el periódico *Die Welt* con gran galantería.

Por cierto, los hanseáticos solo pierden la compostura si, normalmente turistas de musicales despistados procedentes de Suabia, los llaman «*Fischköppe*» (cabezas de pez). Ante esto, solo cabe la condescendiente respuesta: «¿No se referirá usted a los de Bremen?».

**Die Alsterflotte am Anleger Jungfernstieg.**
The Alster boat fleet at Jungfernstieg jetty.
**La flotte de l'Alster le long de l'embarcadère de Jungfernstieg.**
La flota del Alster en el muelle de la avenida Jungfernstieg.

**Bodo's Bootssteg am Harvestehuder Weg.**
Bodo's Bootssteg cafe on Harvestehuder Weg.
**La passerelle de « Bodo's Bootssteg » dans la rue Harvestehuder Weg.**
Bodo's Bootssteg en el Harvestehuder Weg.

**Sonnenaufgang über der Elbe. Dem maritimen Lebensgefühl kann sich dank Alster und Elbe niemand entziehen.**

Sunset over the river Elbe. Thanks to the Alster and the Elbe, the city's maritime flair is there for all to see.

**Coucher de soleil sur l'Elbe. Avec l'Elbe et l'Alster, on n'échappe pas au caractère résolument maritime.**

El sol saliendo sobre el Elba. Nadie escapa al ambiente marítimo que brindan el Alster y el Elba.

**Die Hamburger lieben das Wasser. Auch wenn es mal von oben und von unten kommt, so wie hier auf dem Fischmarkt.**

The locals love water, even when it sometimes comes from above and below, like here at Fischmarkt.

**Les Hambourgeois adorent l'eau, même si elle vient d'en haut ou d'en bas, comme ici, au marché du Fischmarkt.**

A los hamburgueses les encanta el agua. Incluso cuando viene de arriba y de abajo como aquí en el Fischmarkt, el mercado del pescado.

**Barkassenfahrt durch die Speicherstadt.**
A boat tour through the Speicherstadt.
**Visite de la Speicherstadt en barcasse.**
Paseo en barco por la Speicherstadt.

**Die *Queen Mary 2*, Dauergast im Hafen.**
The *Queen Mary 2*, a familiar sight at the port.
**Le *Queen Mary 2*, souvent en visite au port.**
El Queen Mary 2: huésped fijo en el puerto.

**Der Lichtkünstler Michael Batz hat
die Speicherstadt dauerhaft illuminiert.**
Thanks to light artist Michael Batz, the
Speicherstadt is permanently illuminated.
**L'artiste Michael Batz a conçu l'illumination
permanente de la Speicherstadt.**
El artista de iluminación Michael Batz ha iluminado
la Speicherstadt de manera permanente.

**Den Spielbudenplatz auf dem Kiez, den Grindel an der Uni und die »Schanze« eint, dass es sich um Szeneviertel handelt.**

Spielbudenplatz square in St. Pauli, the Grindel district near the university, and the 'Schanze' are all hip areas.

**La place du Spielbudenplatz, dans le « Kiez », « Grindel », près de l'université, et « Schanze » sont tous des quartiers branchés.**

La plaza Spielbudenplatz en el Kiez, el Grindel junto a la universidad y la calle Schanze forman parte del distrito de moda.

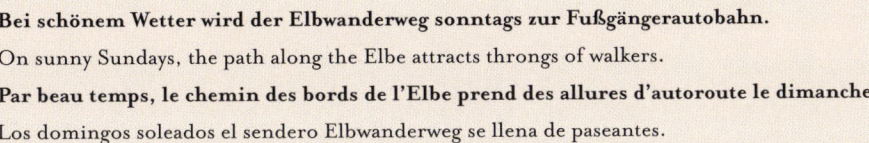

**Bei schönem Wetter wird der Elbwanderweg sonntags zur Fußgängerautobahn.**
On sunny Sundays, the path along the Elbe attracts throngs of walkers.
**Par beau temps, le chemin des bords de l'Elbe prend des allures d'autoroute le dimanche.**
Los domingos soleados el sendero Elbwanderweg se llena de paseantes.

**Hamburgs beliebteste Joggingstrecke führt rund 7,5 Kilometer um die Außenalster.**
Hamburg's most popular jogging route extends 7.5 km around the Outer Alster.
**Le parcours de jogging le plus populaire de Hambourg fait le tour de l'Alster sur 7,5 km.**
La ruta de footing más popular de Hamburgo recorre cerca de 7,5 kilómetros alrededor del Außenalster.

**Gerade zu Weihnachten wirkt die Stadt manchmal wie eine »schlafende Schöne« (Helmut Schmidt, 1918–2015).**

The city sometimes seems like a 'sleeping beauty', especially at Christmas (Helmut Schmidt, 1918–2015).

**Surtout à Noël, la ville a parfois des airs de « belle endormie » (Helmut Schmidt, 1918–2015).**

«En Navidad, a veces la ciudad parece una "bella durmiente"» (Helmut Schmidt, 1918–2015).

**Seit 1356 bittet der Hamburger Senat einmal im Jahr geladene Gäste zum Matthiae-Mahl ins Rathaus.**
The Hamburg Senate has been inviting guests to the annual Matthiae-Mahl banquet since 1356.
**Depuis 1356, le gouvernement de Hambourg convie tous les ans des invités au banquet du Matthiae-Mahl à l'hôtel de ville.**
Desde 1356, el gobierno local de Hamburgo convida a invitados de honor al banquete Matthiae-Mahl en el ayuntamiento.

**Der Innenhof des Rathauses eignet sich vorzüglich für Feste.**
The town hall's inner courtyard is the perfect backdrop for festivities.
**La cour intérieure de l'hôtel de ville est idéale pour les festivités.**
El patio interior del ayuntamiento es ideal para celebrar fiestas.

**Die Deichstraße am Nikolaifleet ist ein Stück Mittelalter mitten in der City.**

Deichstrasse, which runs alongside the Nikolaifleet canal, is a medieval street in the heart of the city.

**La rue Deichstraße, au bord du canal du Nikolaifleet, est un pan de Moyen-Âge au plein cœur de la ville.**

La calle Deichstraße, junto al canal Nikolai, nos remonta a la época medieval en el centro de la ciudad.

# historie

history
histoire
historia

Echtes Heimatgefühl kann wohl nur derjenige entwickeln, der ein wenig genauer weiß, wie seine Heimat im Laufe der Jahrhunderte überhaupt entstehen konnte. In Hamburg gab es diesbezüglich bis vor gar nicht langer Zeit ein paar Wissenslücken, die dank der figelinschen (hamburgisch-norddeutsch für »kniffliges Arbeiten mit viel Fingerspitzengefühl«) Ausgrabungstechniken der Spezialisten des Archäologischen Museums Hamburg nun geschlossen werden konnten. Heute wissen wir:

# heimat unterm straßenpflaster

## HISTORIE

Die frühe Entwicklungsgeschichte der Stadt muss teilweise umgeschrieben werden, und sie begann so: Im 4. Jahrhundert siedelten sich die ersten nordalbingischen Sachsen im Elberaum an. Belegt sind Behausungen auf dem Geestrücken an der Alstermündung sowie das »Reitergrab von Schnelsen«, das in dem nördlichen Hamburger Stadtteil 1952 beim Ausschachten eines Kellers entdeckt wurde. Der Zustrom dieser ersten Siedler dauerte bis ins 6. Jahrhundert hinein an, doch eine kontinuierliche Entwicklung dieses Handelsplatzes wurde durch Überfälle heidnischer Slawen- und Sachsenstämme immer wieder gestört. Letztlich aber war die Christianisierung des Nordens – auch Schleswig-Holstein und Dänemark sind gemeint – nicht aufzuhalten.

Bis zu diesem Zeitpunkt stimmt noch alles. Aber dann heißt es, dass Karl der Große, König des fränkischen Reiches, 810 eine Taufkirche auf der »Hamma-burg« habe errichten lassen (die erstmals 832 schriftlich erwähnt wird). Mitte des 9. Jahrhunderts soll dann der Bremer Missionsbischof Ansgar auf ebendieser »Hammaburg« eine richtige Kirche gegründet haben, die er der Jungfrau Maria weihte. Dieser »Mariendom« sei dann im Jahr 845 von räuberischen Wikingern zerstört worden, und Ansgar habe sich über Ramelsloh in der Nordheide in seine relativ sichere Heimat Bremen abgesetzt.

Doch wo hatte diese Burg wirklich gestanden? War diese Keimzelle der Stadt nur ein Mythos? Und wie kam ihr Name zustande – »Hammaburg«?

Dazu existierten bisher zwei Theorien. Danach sei die »Hammaburg« auf den Überresten eines sächsischen Dorfes namens Hamm erbaut worden. Der gleichnamige Hamburger Stadtteil Hamm (Hamm-Nord wie Hamm-Süd) liegt mehrere Kilometer entfernt vom vermuteten Standort der »Hammaburg«. Dieser befand sich auf dem heutigen Domplatz am Speersort; in Nachbarschaft der Petrikirche (der ältesten Kirche Hamburgs) und des »Bischofsturms« (aus dem 12. Jahrhundert, das älteste Steingebäude der Stadt), dessen Reste in der City-Dependance des Archäologischen Museums gezeigt werden. Im Untergeschoss einer Filiale der Bäckereikette »Dat Backhus« (!) sieht man einen Ring aus unbehauenen Feldsteinen, das Fundament einer Befestigungsanlage. Zusammen mit weiteren Devotionalien kann dieses Ensemble, bei Kaffee und Franzbrötchen, während der Ladenöffnungszeiten bestaunt werden.

Die zweite Version lautet, dass sich »Hammaburg« vom altdeutschen Wort »Hamme« herleiten lässt, was »einen geschützten, von unwegsamem Gelände umgebenen Geesthang« meint. Damit habe es sich nicht um eine künstliche Wallanlage gehandelt, sondern lediglich um unwegsames Terrain, das »wie eine natürliche Burg wirkt« und auf diese Weise in den Sprachgebrauch Einzug gefunden habe.

Ganze Generationen von Archäologen haben schon nach der »Hammaburg« gegraben, immer auf dem Domplatz am Speersort, immer erfolglos, zuerst in den Nachkriegsjahren, dann in den 1980ern und noch einmal von 2005 bis 2006. Erst als man 2014 die konservierten Erdproben noch einmal ganz genau unter dem Mikroskop betrachtete und dabei auf winzige Partikel eines Burgwalls stieß und darüber hinaus noch ein paar weitere Keramikscherben entdeckte, die sich auf das 9. Jahrhundert zurückdatieren ließen, konnte Rainer-Maria Weiss, Direktor des Archäologischen Museums Hamburg, aufatmen: »Diese Erdproben lassen auf Befestigungsanlagen, Palisaden, Gräben und Wallreste schließen. Das ist schon eine kleine Sensation für die Geschichte der Stadt, und es fühlt sich sehr gut an, dass die ,Hammaburg' kein Mythos mehr ist.«

Mittlerweile weiß man, dass Hamburgs Urzelle eine Grundfläche von knapp 17.000 Quadratmeter besaß, inklusive der fünf bis sechs Meter hohen und rund 15 Meter breiten Schutzwälle. 50 Menschen fanden in der »Hammaburg« Zuflucht, die auch viel früher errichtet wurde als bisher angenommen, und zwar schon im 8. Jahrhundert. Außerdem gab es *keine* Kirche innerhalb der Burganlage. »Die ,Hammaburg' war in allererster Linie ein Handelsplatz«, sagt Museumschef Weiss, »aber vor allem ist auch die alte Frage ,Woher stamme ich?' für Hamburg beantwortet. Und das können nicht viele europäische Großstädte von sich behaupten.«

It is hard to feel a sense of belonging in your home city unless you know a little bit more about the history of the place. Until recently, there were a few gaps in knowledge when it came to the history of Hamburg; thanks to the painstaking excavations of the specialists at the Archaeological Museum Hamburg, these gaps have now been filled. We now know that the history of the city's early years needs to be rewritten in some places. It all started when the first Saxon North Albingians settled near the river Elbe in the fourth century. There is evidence of dwellings on the sandy ridge at the mouth of the river Alster, and a knight's tomb was discovered in the northern district of Schnelsen during work to dig a cellar in 1952. Whilst the influx of these early settlers continued into the sixth century, the city was unable to blossom into a trading centre as it was repeatedly raided by pagan tribes of Slavic and Saxon origin. Eventually, however, the Christianisation of the North (including Schleswig-Holstein and Denmark) was unstoppable.

Up to this point, everything is fairly clear. It is then claimed, however, that Charlemagne, King of the Franks, had a baptistery built at 'Hammaburg' castle in 810 (which was first documented in 832). In the mid 9th century, Ansgar, a missionary bishop from Bremen, supposedly established a proper church on the very same 'Hammaburg' site, naming it the 'Church of the Virgin Mary'. The theory continues that this 'St Mary's Cathedral' was destroyed by marauding Vikings in 845, prompting Ansgar to return to the relative safety of his home city of Bremen via Ramelsloh (a town in the northern part of Lüneburg Heath).

But where did this castle really stand? Is the city's supposed nucleus just a myth? And how did the name 'Hammaburg' come about?

There are currently two theories in circulation. One theory posits that Hammaburg castle was built on the remnants of a Saxon village by the name of Hamm. The eponymous Hamburg district of Hamm (Hamm-Nord and Hamm-Süd) is situated several kilometres away from what is believed to be the site of 'Hammaburg'. In fact, 'Hammaburg' was located on what is now the Domplatz green space on Speersort – in the immediate vicinity of St Peter's Church (known locally as the *Petrikirche* and the oldest church in Hamburg) and the Bishop's Tower (the oldest known stone building in the city), the remains of which are on display at a city centre showroom run by the Archaeological Museum Hamburg. In the basement of a branch of Dat Backhus (a chain of bakeries), you can admire a ring of uncut boulders – the foundation of a defensive structure. These and other devotional artefacts can be admired over coffee and *Franzbrötchen* [a local sweet pastry] during the bakery's opening hours.

According to the second version, the name 'Hammaburg' originates from the Old High German word 'Hamme', which roughly translates as 'sheltered sandy hillside surrounded by

# the story told below the streets

## HISTORY

impassable terrain'. If this theory holds water, the site was not home to man-made ramparts, but rather impassable terrain that was like a 'natural fortress', with the name thus passing into common usage.

Generations of archaeologists have dug in search of the 'Hammaburg' – always on the Domplatz on Speersort and always in vain; the first attempt was made in the years following World War II, with further attempts made in the 1980s and again from 2005 to 2006. In 2014, the preserved soil samples were once again subjected to close scrutiny under the microscope, revealing minute particles from a fortified settlement as well as a few ceramic fragments that could be traced all the way back to the ninth century; Rainer-Maria Weiss, Director of the Archaeological Museum Hamburg, could finally breathe a sigh of relief: 'These soil samples point towards defensive structures, palisades, moats and remnants of fortifications. This is quite a sensation in terms of the history of the city. It's a great feeling to know that the "Hammaburg" is not merely a legend.'

We now know that Hamburg's birthplace spanned an area measuring almost 17,000 square metres, with defensive fortifications that were between five and six metres high and some 15 metres wide. 50 people found shelter within the walls of the Hammaburg, which was also constructed much earlier than previously thought, namely in the 8th century. Furthermore, there was *no* church on the site. 'First and foremost, the Hammaburg was a marketplace,' explains museum chief Weiss. 'Most importantly, however, the question of "what are my roots?" has been answered for Hamburg. That is not something that many major European cities can claim.'

Pour avoir un véritable sentiment d'appartenance à une ville ou à une région, il faut savoir un peu plus précisément comment elle s'est développée au fil des siècles. Jusqu'à peu, on n'avait une connaissance que partielle de l'histoire de Hambourg. Cependant, ces lacunes ont pu être comblées grâce au travail de fouille minutieux mené par les experts du Musée archéologique de Hambourg. On sait aujourd'hui qu'il faut réécrire en partie les débuts de la ville. Et voici comment tout a commencé. Au IVe siècle, les premiers Saxons nordalbingiens se sont installés dans les environs de l'Elbe. Ce qui est attesté, c'est que des habitations ont été construites sur les hauteurs du geest, à l'embouchure de l'Alster, et que l'on a découvert la « tombe du chevalier de Schnelsen » dans le quartier du même nom, dans le Nord de Hambourg, en 1952 lors de l'excavation d'une cave. Ces premiers colons ont continué à y affluer jusqu'au VIe siècle. Cependant, les attaques répétées de tribus païennes slaves

# ce qui se cache sous les pavés

## HISTOIRE

et saxonnes ont empêché le développement d'une place commerciale. Toutefois, rien ne pouvait faire obstacle à la christianisation du Nord (y compris le Schleswig-Holstein et le Danemark).

Jusque-là, rien à changer dans l'histoire telle qu'elle est connue. Cependant, on dit que Charlemagne, roi des Francs, aurait ensuite fait construire en 810 un baptistère sur le château fort de « Hammaburg » (dont la première mention écrite remonte à 832). Au milieu du IXe siècle, l'évêque missionnaire Anschaire de Brême (« Ansgar », en allemand) aurait alors

fondé sur ce même château fort de Hammaburg une véritable église, qu'il dédia à la Vierge Marie. Cette cathédrale de Notre-Dame aurait été détruite en 845 par des hordes de Vikings, sur quoi Anschaire se serait replié dans la sécurité relative de Brême, sa ville d'origine, en passant par Ramelsloh, dans le Nord de la Lande de Lüneburg.

Mais où exactement était ce château fort ? Étaient-ce les prémisses d'une ville ou s'agissait-il simplement d'un mythe ? Et d'où provient son nom, « Hammaburg » ?

À ce jour, il existe deux théories à ce sujet. Ainsi, le château fort de Hammaburg aurait été construit sur les vestiges d'un village saxon du nom de Hamm. Hambourg a aujourd'hui un quartier du même nom (subdivisé en Hamm-Nord et Hamm-Sud), situé à plusieurs kilomètres de l'emplacement présumé du château fort de « Hammaburg ». Celui-ci se trouvait sur la place de l'église actuelle dans la rue du Speersort, non loin de l'église Saint-Pierre (la

plus ancienne de Hambourg) et de la tour épiscopale (qui date du XIIe siècle et est la plus ancienne bâtisse de la ville). Les vestiges de cette dernière sont conservés à l'antenne du Musée archéologique en centre-ville. Au sous-sol d'une boulangerie de la chaîne « Dat Backhus », on voit un cercle en pierres non taillées dessinant les fondations d'une forteresse. Aux côtés d'autres objets de piété, cet ensemble peut être admiré pendant les horaires d'ouverture du magasin avec un café et un *Franzbrötchen*, viennoiserie typiquement hambourgeoise.

Selon la deuxième théorie, le mot « Hammaburg » proviendrait du vieil allemand « Hamme », qui désignerait « le versant protégé et difficilement praticable d'un geest ». Il ne s'agirait alors pas d'une fortification construite par l'Homme, mais tout simplement d'un terrain accidenté « aux allures de château fort », et c'est ainsi que ce terme serait passé dans la langue courante.

Des générations entières d'archéologues ont fait des fouilles pour trouver ce château fort de Hammaburg, toujours sur la place de l'église du Speersort et toujours sans succès, tout d'abord après la guerre, puis dans les années 1980 et à nouveau en 2005–2006. Ce n'est qu'en 2014, lorsqu'on décida de réexaminer plus précisément au microscope les échantillons de terre conservés qu'on a découvert de minuscules particules de remparts ainsi que quelques tessons de céramique datés du IXe siècle. Rainer-Maria Weiss, le directeur du Musée archéologique de Hambourg, a alors pu respirer : « Ces échantillons de terre laissent supposer l'existence de fortifications, de palissades, de fosses et de vestiges de remparts. C'est en soi une petite sensation pour l'histoire de la ville. Quel bonheur de savoir que le château fort de Hammaburg n'est plus un simple mythe ! »

Depuis, on sait que ce qui est à l'origine de Hambourg couvrait une surface d'un peu moins de 17 000 m² si l'on comprend les remparts de cinq à six mètres de hauteur et dont la largeur pouvait aller jusqu'à une quinzaine de mètres. Le château fort de Hammaburg pouvait abriter jusqu'à 50 personnes et a été construit beaucoup plus tôt que ce que l'on avait cru jusqu'alors, à savoir au VIIIe siècle. En outre, le complexe ne comprenait *pas* d'église. « Le château fort de Hammaburg était avant tout une place commerciale, explique M. Weiss, le directeur du musée, mais au moins, Hambourg peut désormais répondre à la vieille question du 'D'où viens-je ?'. Beaucoup de grandes villes européennes ne peuvent pas en dire autant. »

El amor verdadero a la tierra natal solo lo puede desarrollar quien conozca un poco mejor cómo pudo evolucionar su tierra a lo largo de los siglos. Sobre esto había en Hamburgo un par de lagunas de conocimiento hasta hace poco, pero estas se han podido completar ahora gracias a las minuciosas técnicas de excavación de los especialistas del museo arqueológico de Hamburgo (Archäologischen Museums Hamburg). Hoy en día sabemos que la historia inicial del desarrollo de la ciudad tiene que reescribirse en parte, y que comienza así: en el s. IV, los sajones de Nordalbingien se asentaron en la zona del Elba. Hay documentados unos asentamientos sobre el geest (terreno elevado y seco) en la desembocadura del Alster, además de la «tumba del guerrero de Schnelsen», que se encontró en la zona norte de Hamburgo en 1952 al excavar un sótano. La afluencia de estos primeros pobladores se extendió hasta bien entrado el s. VI, pero las recurrentes incursiones de tribus eslavas y sajonas paganas perturbaron un continuo desarrollo de este punto de intercambio comercial. Finalmente, no se pudo frenar la cristianización del norte, lo que incluyó a Schleswig-Holstein y Dinamarca.

Hasta este punto todo concuerda. Sin embargo, luego se dice que en el año 810, Carlomagno, rey del reino franco, mandó construir una iglesia bautismal en el castillo «Hamma-burg» (que se menciona por primera vez en escritos del 832). A mediados del s. IX, se cree que Ansgar, obispo misionero de Bremen, fundó precisamente en este «Hammaburg» una iglesia de verdad consagrada a la Virgen María. Esta Mariendom (catedral consagrada a María) sería destruida en el año 845 durante saqueos vikingos y Ansgar logró escapar por Ramelsloh (Nordheide) a su ciudad natal Bremen, bastante más segura.

Entonces ¿dónde estuvo ubicado este castillo en realidad? ¿Era este núcleo de la ciudad solo un mito? ¿Cómo surgió su nombre «Hammaburg»?

Hasta ahora existían dos teorías al respecto. Era posible que el «Hammaburg» se construyera sobre las ruinas de un poblado sajón llamado Hamm. El barrio de Hamburgo con el mismo nombre, Hamm (Hamm-Nord y Hamm-Süd) está situado a varios kilómetros del supuesto emplazamiento del «Hammaburg». Este se encontraba en la actual plaza de la catedral de la Speersort, en el barrio de la

el pasado bajo el pavimento

HISTORIA

Petrikirche (la iglesia más antigua de Hamburgo) y del Bischofsturm (del s. XII, el edificio de piedra más antiguo de la ciudad), cuyos restos se muestran en la City-Dependance del museo arqueológico. En el sótano de una filial de la cadena de panaderías Dat Backhus se aprecia un anillo de piedras toscas: los cimientos de una fortificación. Junto a otros objetos devocionales, puede admirarse este conjunto tomando café y *Franzbrötchen* durante el horario de apertura de la tienda.

La segunda teoría se basa en que «Hammaburg» es una palabra que puede proceder del alemán antiguo Hamme, que se refiere a «una ladera de geest protegida y rodeada por un terreno intransitable». Por lo tanto, no se trataría de una muralla artificial, sino únicamente de un terreno accidentado que «se asemejase a un castillo natural» y que trascendiera como tal en el uso del lenguaje.

Generaciones enteras de arqueólogos habían excavado en busca del «Hammaburg», siempre en la plaza de la catedral de la Speersort, siempre sin éxito, primero en los años de la posguerra, después en los años 80 y, otra vez más, de 2005 a 2006. No fue hasta el 2014 (cuando se examinaron con detenimiento bajo el microscopio las muestras del suelo conservadas y se descubrieron en ellas partículas dimi-

nutas de la muralla de un castillo y un par de trozos de cerámica que datan del s. IX) que Rainer-Maria Weiss, director del museo arqueológico de Hamburgo, pudo respirar tranquilo: «Estas muestras de suelo se pueden encontrar en fortificaciones, empalizadas, tumbas y res-

tos de murallas. Esto supone toda una pequeña sensación para la historia de la ciudad y es estupendo que el Hammaburg ya no sea ningún mito».

Sabemos hasta ahora que el núcleo original de Hamburgo tenía una superficie de poco menos de 17 000 metros cuadrados, incluyendo las murallas de protección de entre cinco y seis metros de altura y cerca de 15 metros de ancho. 50 personas encontraron refugio en el Hammaburg, que a su vez se construyó mucho antes de lo que se pensaba hasta el momento: se remonta al siglo VIII. Además, no había *ninguna* iglesia dentro de la fortificación. «El Hammaburg era principalmente un lugar de comercio», afirma Weiss, director del museo, «pero, sobre todo, también queda respondida la vieja duda de "¿Cuál es mi origen?" para Hamburgo, y eso es algo que no pueden afirmar muchas grandes ciudades europeas».

**»Die Freiheit, die errungen die Alten, möge die Nachwelt würdig erhalten« ist über dem Rathausportal in Stein gemeißelt.**

'May the freedom so hard won by the old be preserved with dignity by those that follow' is inscribed in Latin above the town hall entrance.

**« Que la postérité s'applique avec dignité à préserver la liberté que les ancêtres ont acquise » est gravé dans la pierre au-dessus de l'entrée de l'hôtel de ville.**

«Que la posteridad conserve con dignidad la libertad lograda por nuestros mayores», dice el grabado sobre el portal del ayuntamiento.

**Jeden Dienstag tagt der Hamburger Senat
in der prächtig ausgestatteten Ratsstube.**
Every Tuesday, the Hamburg Senate
sits in the magnificent *Ratsstube* room.
**Chaque mardi, le gouvernement de Hambourg
siège dans la somptueuse salle du conseil.**
El gobierno local de Hamburgo se reúne todos
los martes en la ostentosa cámara del consejo.

**Der Kaisersaal verdankt seinen Namen dem
Besuch von Kaiser Wilhelm II im Jahre 1895.**
The *Kaisersaal* hall was named after a
visit by Kaiser Wilhelm II in 1895.
**La « salle de l'empereur » (*Kaisersaal*) doit
son nom à la visite de Guillaume II en 1895.**
El Kaisersaal (salón del káiser) le debe su nombre a la
visita del Káiser Guillermo II de Alemania en el año 1895.

**Der Plenarsaal der Hamburgischen Bürgerschaft
– einem »Feierabendparlament«.**
The chamber of the Hamburg
Parliament – a 'citizens' legislature'.
**La salle plénière du parlement hambourgeois, dont
les membres exercent leur activité à temps partiel.**
La sala de plenos de la Cámara de Representantes de
Hamburgo: un «parlamento fuera del horario laboral».

**Hamburgs ältestes Wahrzeichen, der »Michel«, ist 132 Meter hoch – die Aussichtsplattform befindet sich in 106 Metern Höhe.**

Hamburg's oldest landmark, St Michael's Church (the 'Michel') is 132 metres tall, with a 106-metre-high observation deck.

**Le plus ancien emblème de Hambourg, l'église Saint-Michel, s'élève à 132 mètres de hauteur, sa plateforme panoramique étant à 106 mètres au-dessus du sol.**

El emblema más antiguo de Hamburgo, el «Michel», tiene 132 metros de altura y una plataforma con mirador a 106 metros.

Das harmonisch gestaltete Kirchenschiff der
St.-Michaelis-Kirche wird gern für Konzerte genutzt.
The elegant nave of St Michael's
Church is a popular concert venue.
L'harmonieuse nef de l'église Saint-Michel
accueille souvent des concerts.
La nave de la iglesia de San Miguel (St.-Michaelis-Kirche),
con su armonioso diseño, se utiliza a menudo para conciertos.

Ansgar von Bremen, im 9. Jahrhundert erster
Erzbischof von Hamburg und »Apostel des Nordens«.
Ansgar of Bremen, the first Archbishop of Hamburg
back in the 9th century and the 'apostle of the North'.
Anschaire de Brême, le premier archevêque
de Hambourg et « apôtre du Nord ».
En el s. IX, Ansgar de Bremen fue nombrado primer
arzobispo de Hamburgo y «Apóstol del Norte».

Ein Löwenkopf ziert das Portal von der
St.-Petri-Kirche, Hamburgs ältestem Gotteshaus.
A lion's head adorns the entrance of St Peter's
Church, Hamburg's oldest place of worship.
Une tête de lion orne le portail de l'église
Saint-Pierre, la plus ancienne de Hambourg.
Una cabeza de león adorna el portal de la iglesia de
San Pedro (St.-Petri-Kirche), la más antigua de Hamburgo.

**1842 brach in der Deichstraße der »Große Brand« aus.**

The Great Fire broke out on Deichstrasse in 1842.

**Le grand incendie de 1842 a commencé dans la rue de la Deichstraße.**

En 1842 se originó el «gran incendio» en la calle Deichstraße.

**Die Speicherstadt gehört seit 2015 zum Weltkulturerbe.**

The Speicherstadt was declared a UNESCO World Heritage site in 2015.

**Depuis 2015, la Speicherstadt figure au patrimoine culturel mondial de l'UNESCO.**

La Speicherstadt es Patrimonio de la Humanidad de la Unesco desde 2015.

**St. Katharinen, die traditionelle Kirche der Schiffbauer, Kaufleute und Bierbrauer.**

St Catherine's, traditionally the church of shipbuilders, merchants and brewers.

**Sainte-Catherine, l'église traditionnelle des constructeurs de navires, des négociants et des brasseurs.**

Santa Catalina (St. Katharinen) es la iglesia tradicional de los constructores navales, los comerciantes y los cerveceros.

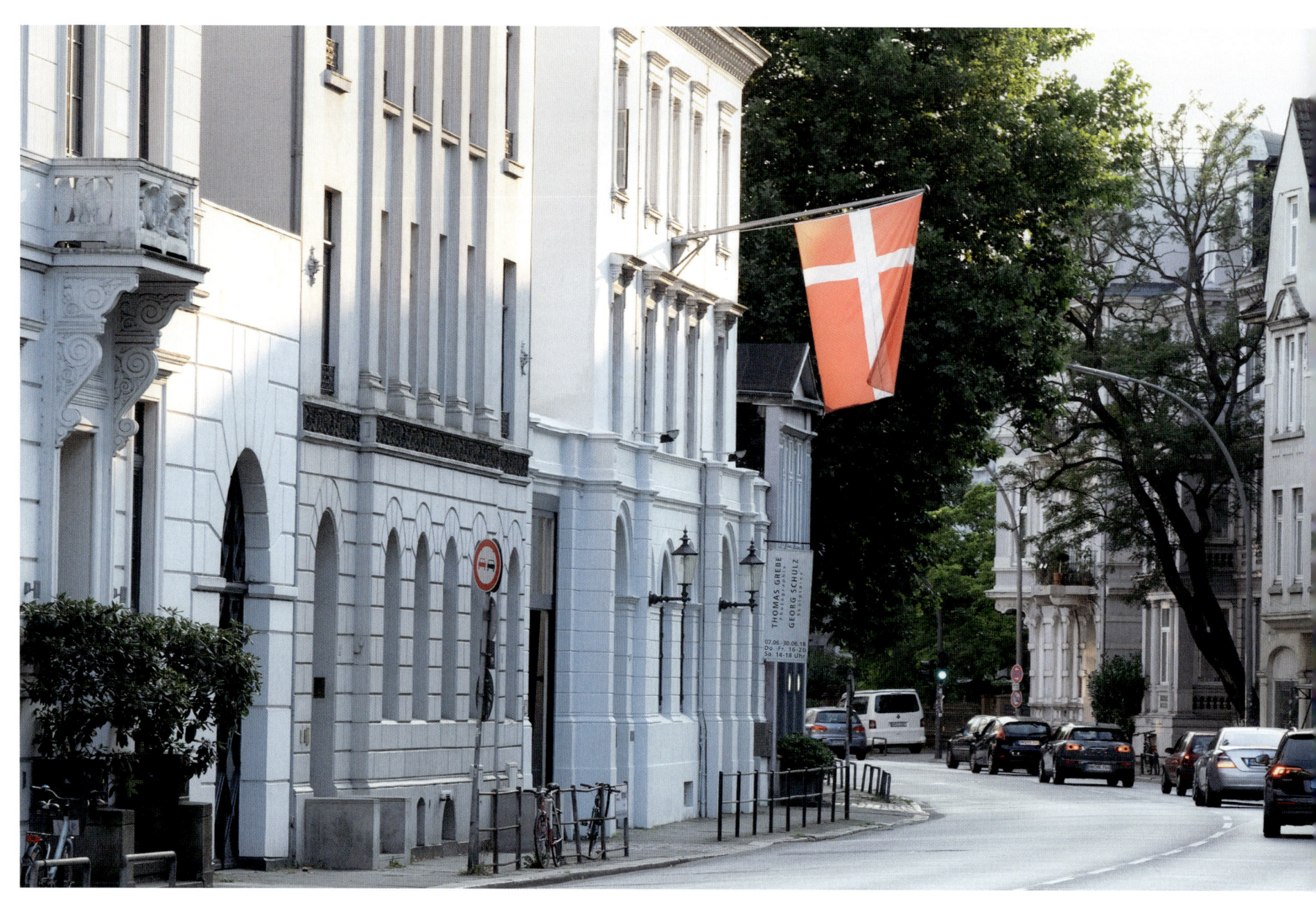

**Altona – hier das alte Zollhaus an der Elbchaussee – stand von 1664 bis 1864 unter dänischer Verwaltung.**

Altona – here, the old customs building on Elbchaussee – was ruled by Denmark from 1664 to 1864.

**Altona (ici avec le plus ancien poste de douane dans la Elbchaussee) a été sous la tutelle danoise de 1664 à 1864.**

Altona, con la antigua aduana de la Elbchaussee en la imagen, estuvo bajo administración danesa de 1664 a 1864.

**Die neoklassizistischen Alsterarkaden
(ab 1843) verströmen venezianisches Flair.**
The neoclassical Alsterarkaden
(built in 1843) exude Venetian flair.
**Les arcades néoclassiques respirent
un charme vénitien (depuis 1843).**
Las Alsterarkaden (a partir de 1843), galerías
de estilo neoclásico, emanan encanto veneciano.

**Die »St. Georg« ist noch
ein echter Alsterdampfer.**
The *St. Georg* is a genuine
Alster steamer.
**Le « Sankt-Georg » est un authentique
bateau à vapeur de l'Alster.**
El St. Georg sigue siendo un auténtico
buque a vapor del Alster.

**Das Hamburger Stadtwappen stammt aus dem 12. Jahrhundert.**
The Hamburg coat of arms dates back to the 12th century.
**Les armoiries hambourgeoises datent du XII$^e$ siècle.**
El escudo de Hamburgo data del s. XII.

**Speicherstadt und Elbphilharmonie – Glas und Backstein im Dialog.**
Speicherstadt and Elbphilharmonie – an interplay of glass and brick.
**La Speicherstadt et l'Elbphilarmonie, le mariage du verre et de la brique.**
La Speicherstadt y la Filarmónica del Elba: una composición de cristal y ladrillo.

**Die Zollenbrücke ist die älteste erhaltene Stadtbrücke. Das Kontorhaus der Laeisz-Reederei spiegelt sich im Nikolaifleet.**

The Zollbrücke is the oldest-remaining bridge in the city. The mercantile building of the Laeisz shipping company is reflected in the Nikolaifleet canal.

**Le Zollenbrücke est le plus ancien pont de la ville. Le comptoir de la société d'armement Laeisz se reflète dans le Nikolaifleet.**

El puente Zollenbrücke es el puente conservado más antiguo de la ciudad. El edificio de oficinas de la naviera Laeisz se refleja en el canal Nikolai.

**Die Windjammer aus aller Welt dürfen auf dem Hafengeburtstag nicht fehlen.**

The Port Anniversary wouldn't be the same without windjammers from around the world.

**L'anniversaire du port est synonyme de voiliers du monde entier.**

En el aniversario del puerto no pueden faltar los veleros procedentes de todo el mundo.

# hafen

port
port
puerto

Genau genommen schlagen zwei Herzen in Hamburgs Brust. Das eine, je nach Wetterlage tiefblau bis »greige« (eine ständig changierende Farbe aus lauter Schlammtönen mit Grau- und Blauanteilen, die es wahrscheinlich nur in Hamburg gibt), heißt Alster und dient dem Menschen zur erholsamen Zerstreuung bis hin zur sportlichen Herausforderung. Das andere heißt Hafen, und sein Blut wird Elbe genannt, deren Wasser schmutziger aussieht, als es in Wahrheit ist. Dieses Herz besitzt gleich sechs Kammern; jeweils eine für Containerriesen, Stückgutfrachter, Kreuzfahrtschiffe, Museumsschiffe und Barkassen, Musicalgäste und Kiezbummler, und je schneller

# wo hamburgs herz schlägt

## HAFEN

es schlägt, desto mehr Geld fließt in die Stadtkasse. Auch die »sündigste Meile der Welt« auf St. Pauli gehört zum Hafen, nur dass die Schlepper hier Koberer genannt werden und Seeleute eher seltene Gäste sind – zu kurz sind die Liegezeiten der Schiffe geworden.

In Fahrt kam die Handelsschifffahrt erstmals im Jahre 1225 mit einem vom Rat der Stadt gefälschten Freibrief des Kaisers Barbarossa, der eher willkürlich auf den 7. Mai 1189 zurückdatiert war. Diese Urkunde gewährte den Pfeffersäcken (so werden Hamburgs geschäftstüchtige Kaufleute gern auch genannt. Ob das Synonym, das im Prinzip Wohlstand ausdrücken soll, liebevoll oder abschätzig gemeint ist, darf jeder für sich selbst entscheiden) Zollfreiheit, die Elbe stromabwärts bis zur Mündung. Immer mehr Segelschiffe legten nun vor den Speichern und Lagern in den Fleeten an. Die Lage des ersten Hafenbeckens

– des Nikolaifleets – zwischen Alster und Elbe war ideal, die Wege zu den Speichern waren kurz, die Ware konnte direkt weitergehandelt werden. Im 14. Jahrhundert stieg Hamburg zu einem wichtigen Mitglied des Städtebundes der Hanse auf, und noch weit bis ins 19. Jahrhundert hinein, als die Hanse längst zerfallen war, wurden im Nikolaifleet Waren und Güter aller Art umgeschlagen.

Doch seine Bedeutung als Binnenhafen begann zu schwinden, als das Zeitalter der Dampfschifffahrt anbrach und die Frachtschiffe immer größer wurden. 1863 entstand mit dem Sandtorhafen das erste moderne Hafenbecken, in dem Schiffe mit Kränen jetzt noch schneller gelöscht werden konnten. Die Güter wurden jetzt direkt auf Eisenbahnwaggons verladen oder in großen Schuppen zwischengelagert; ab 1888 in der Speicherstadt, dem heute größten noch exis-tierenden Lagerhauskomplex, inzwischen UNESCO-Weltkulturerbe.

Gut 30 Jahre später brach für viele Hamburger erst recht die Zeit des Wohlstands an, denn die Auftragslage der neu angesiedelten Industrie- und Hafenbetriebe versprach weiteres Wachstum; nicht zuletzt wegen des Nord-Ostsee-Kanals von Brunsbüttel nach Kiel, der ab dem 20. Juni 1895 die Schiffsreise in die Ostsee um mehrere Tage verkürzte. Nach New York und London besaß Hamburg um diese Zeit den drittgrößten Hafen der Welt, und das dröhnte so klangvoll in Hamburger Ohren, dass Warnsignale jahrzehntelang überhört wurden.

Zwar reagierte auch der Hamburger Hafen seit den späten 1960ern mit insgesamt vier Containerterminals auf die Zunahme des Containerumschlags. Aber dieser Markt ist fragil und enormen Schwankungen unterworfen, da er sich an der Weltwirtschaft und den politischen Entwicklungen orientiert. Dann gibt es die Konkurrenzhäfen Rotterdam und Antwerpen, und auch die Elbvertiefung, seit 1998 geplant, doch erst 2017 höchstrichterlich erlaubt, könnte sich vielleicht erneut um Jahre hinaus verzögern, weil jüngst auf einer vorgesehenen Ausgleichsfläche die Larve der vom Aussterben bedrohten Asiatischen Keiljungfer gefunden wurde, eine Libellenart, für die Naturschützer vermutlich bis zur letzten Gerichtsinstanz kämpfen werden – wie schon zuvor für den Schierlings-Wasserfenchel. Aber Polemik hilft nicht weiter. Die Zeiten des stetigen und rasanten Wachstums im Warenumschlag sind eben einfach vorbei. Eine zweite Globalisierung wird es nicht geben und einen zweiten Mauerfall schon gar nicht, als der Hamburger Hafen plötzlich zur Drehscheibe für den gesamten Handel mit Osteuropa wurde.

Zum Glück gibt es den Kreuzfahrtboom. »Touristen statt Container« kann jedoch nur ein weiterer Schritt auf dem inzwischen angedachten Weg zum »Universalhafen« sein. Dieses Konzept ist eine Art Herzschrittmacher, der bald in die bestehenden Brachflächen des Hafengebiets eingepflanzt werden soll: Ein lukratives Potpourri soll entstehen, aus Industrie und Gewerbe, Reparaturbetrieben und Logistikunternehmen, Raffinerien, Massengütern wie Kohle und Erz und Handelsunternehmen, aber auch bezahlbarem Wohnraum für all jene, die zukünftig dort Arbeit finden werden.

Strictly speaking, Hamburg has two beating hearts. Depending on the weather conditions, one of these – the Alster Lake – ranges in colour from deep blue to greyish beige and is used for both restful recreation and sporting endeavour. The other is the port, whose blood flows as the river Elbe – the water of which is cleaner than it looks. This heart comprises six chambers, one each for giant container ships, general cargo vessels, cruise ships, historic ships/barges, musical visitors and night owls – and the faster the heart beats, the more money flows into the city's coffers. The 'mile of sin' (St. Pauli's famous Reeperbahn) also forms part of the port area; although the local touts (*Koberer*) seek to lure visitors into the various establishments, you will spot very few sailors these days, as their shore leave is much shorter than it used to be.

Merchant shipping really got going in 1225 with a charter supposedly signed by Holy Roman Emperor Frederick I that was actually a forgery composed by the city government and that was randomly backdated to 7 May 1189. This charter exempted the city's *Pfeffersäcke* (a common local term used to describe Hamburg's business-savvy merchants. You can decide for yourself whether the term, which is supposed to express prosperity, is meant affectionately or pejoratively) from customs duties all the way to the mouth of the Elbe as they sent their wares downstream. As a result, more and more ships set sail from the various warehouses and storehouses on the canals. The site of the first dock – the Nikolaifleet canal – between the Alster and the Elbe was ideal; it was close to the storehouses and the goods could be traded on quickly. In the 14th century, Hamburg rose to become a prominent member of the Hanseatic League – and wares and goods of all kinds were still being traded on the Nikolaifleet canal well into the 19th century, long after the fall of the League.

But its importance as an inland port began to decline with the rise of steamships and the ever increasing size of cargo vessels. Sandtorhafen, the first modern port, was built in 1863, with cranes making it possible to unload ships even more rapidly. The goods were now loaded straight onto trains or stored temporarily in large sheds; from 1888 onwards, this was done in the Speicherstadt (warehouse district), which is now the largest warehouse complex still in existence and a UNESCO World Heritage site.

For many Hamburg residents, the age of prosperity truly started some 30 years later, as the order books of the newly settled industrial and port enterprises promised further growth, not least on account of the Kiel Canal (linking the North and Baltic Seas between Kiel and Brunsbüttel), which opened on 20 June 1895, shortening ship travel into the Baltic Sea by several days. Following New York and London, Hamburg possessed the world's third largest port at this time – the sounds of which resounded so loudly in the locals' ears that they failed to hear the danger signals for many years.

Although the Port of Hamburg has reacted to increasing container throughput by constructing a total of four container terminals from the late 1960s onwards, this is a fragile market subject to huge fluctuations, as it takes its cue from the global economy and political developments. There are also rival ports in Rotterdam and Antwerp, not to mention the fact that the dredging of the river Elbe – which has been planned since 1998 but was only given the green light by the highest court in the country in 2017 – may be postponed again by several years, as larvae of the river clubtail (a dragonfly at risk of extinction) were recently found in one of the earmarked compensatory areas. The chances are that environmentalists will take their fight for this species all the way through the courts, as they did for *Oenanthe conioides* [a type of water dropwort endemic to

# the true heart of hamburg

## PORT

Germany]. But there is no point getting mired in the debate. The days of continuous and rapid growth in goods volumes are over. There will be no second globalisation process and certainly no second fall of the Berlin Wall – an event that transformed the Port of Hamburg into the hub for all trade with eastern Europe.

Fortunately, there is a flourishing cruise ship sector. However, replacing containers with tourists can only ever be one part of the 'universal port' strategy, which is now envisaged. This concept serves as a kind of pacemaker, which will soon be implanted into the areas of wasteland in and around the port, the aim being to create a lucrative mix of industry and commerce: repair firms and logistics companies, refineries, bulk goods such as coal and ore, trading companies, but also affordable housing for all those who will work in the aforementioned areas.

*Stricto sensu*, Hambourg a deux cœurs. Le premier, l'Alster, a des tons qui peuvent aller du bleu foncé au vert boueux, en fonction du temps (les Hambourgeois ont même un nom pour cette couleur !), et est propice à la détente comme aux défis sportifs. L'autre est le port, avec l'Elbe qui coule dans les veines de la ville et dont l'eau a l'air bien plus sale qu'elle ne l'est réellement. Ce cœur comporte six cavités : une pour les gigantesques porte-conteneurs, une pour les cargos, une pour les navires de croisière, une pour les bateaux-musée et ce qu'on appelle à Hambourg les « barcasses », une pour les spectateurs des comédies musicales et une pour les flâneurs du « Kiez », le quartier des discothèques. Et plus ce cœur bat vite, plus l'argent coule à flots dans les caisses de la ville.

# le cœur de hambourg

## PORT

La « rue du vice » à Sankt-Pauli fait elle aussi partie du port, même si ce ne sont pas les bateaux que l'on cherche à remorquer vers les discothèques, mais les clients, et que les marins y sont plutôt rares vu la courte durée des escales aujourd'hui.

1225 sonne le début de la marine marchande grâce à une charte de franchise falsifiée par le conseil de la ville. Soi-disant signée de la main de l'Empereur Frédéric Barberousse, elle avait arbitrairement été antidatée au 7 mai 1189. Cette charte exemptait les « sacs de poivre », comme on appelle les habiles marchands hambourgeois (à chacun de juger si ce surnom censé exprimer leur prospérité est plutôt affectueux ou méprisant), de droits de douane tout le long de l'Elbe de Hambourg jusqu'à son embouchure. Par la suite, de plus

en plus de voiliers ont accosté le long des canaux pour décharger leurs marchandises devant les greniers et les entrepôts. Le premier bassin portuaire, le Nikolaifleet, situé entre l'Alster et l'Elbe, était idéal : il était tout près des entrepôts de stockage et les marchandises pouvaient directement être revendues. Au XIVᵉ siècle, Hambourg devint un acteur clé de la Ligue hanséatique. Les biens et les marchandises de tous types ont continué à être chargés et déchargés au Nikolaifleet jusqu'au milieu du XIXᵉ siècle, à une époque où la Hanse n'existait plus depuis belle lurette.

Néanmoins, son rôle de port intérieur a décliné avec l'arrivée des bateaux à vapeur et avec la taille grandissante des cargos. Le premier bassin portuaire moderne, le Sandtorhafen, a

été achevé en 1863 ; désormais, les navires pouvaient être déchargés encore plus rapidement grâce à des grues. Les marchandises étaient transférées directement dans des wagons ferroviaires ou stockées dans des hangars en attendant de poursuivre leur voyage. À partir de 1888, ce lieu de stockage était la Speicherstadt (la « ville des entrepôts »), qui est le plus grand complexe de ce type et est inscrite au patrimoine culturel mondial de l'UNESCO.

Pour beaucoup de Hambourgeois, la prospérité ne commença qu'une bonne trentaine d'années plus tard : les carnets de commandes des entreprises industrielles et portuaires qui venaient de s'installer étaient pleins et promettaient la poursuite de la croissante. C'était surtout grâce au canal de Kiel, qui reliait la ville éponyme à Brunsbüttel et a raccourci de plu-

sieurs jours le trajet vers la mer Baltique à partir du 20 juin 1895. Hambourg avait à l'époque le troisième port au monde après New York et Londres. La ville retentissait de grondements et de vrombissements que les signaux d'alerte ont été inaudibles pendant des décennies.

Le port de Hambourg a réagi à la hausse du trafic des conteneurs en construisant quatre terminaux dédiés à partir de la fin des années 1960. Néanmoins, c'est un marché fragile et très fluctuant soumis aux évolutions de l'économie mondiale et de la politique. De plus, Hambourg a deux grands ports concurrents, Rotterdam et Anvers, et l'approfondissement de l'Elbe, prévu depuis 1998, mais avalisé uniquement en 2017 par la plus haute juridiction du pays, pourrait à nouveau être repoussé de plusieursannées à cause d'une larve de gomphe à pattes jaunes, espèce de libellule menacée, trouvée dans une zone de compensation écologique prévue. Les défenseurs de l'environnement seront sans doute prêts à se battre jusqu'en dernière instance pour la protéger… comme cela avait été le cas pour l'œnanthe de l'Elbe. Mais toute polémique est vaine : fini la croissante constante et fulgurante du trafic des marchandises. Il n'y aura pas d'autre mondialisation ni de deuxième chute du mur, évènement qui fit soudain du port de Hambourg la plaque tournante des échanges commerciaux avec l'Europe de l'Est.

Heureusement, le secteur des croisières croît. Remplacer les conteneurs par des touristes n'est qu'un pas de plus vers le concept de « port universel ». Cette sorte de *pacemaker* devrait bientôt se greffer dans les friches portuaires actuelles, créant un pot-pourri lucratif d'entreprises industrielles et artisanales, de sociétés de réparation et de logistique, de raffineries, de produits en vrac tels que le charbon et les minerais et d'entreprises commerciales, mais aussi de logements abordables pour tous leurs futurs collaborateurs.

Estrictamente hablando, en el pecho de Hamburgo laten dos corazones. Uno es, dependiendo de la situación meteorológica, de un color entre azul oscuro y *greige* (un color que cambia constantemente de puros tonos de lodo con tintes grises y azules y que probablemente solo se dé en Hamburgo), se llama Alster y ofrece a las personas tanto un entretenimiento relajante como retos deportivos. El otro se llama puerto y su sangre se llama Elba, cuyas aguas parecen más sucias de lo que son en realidad. Este corazón tiene a su vez seis cámaras, pensadas para buques portacontenedores, cargueros de mercancías, cruceros, barcos museo y barcazas, público de los musicales y visitantes del barrio rojo, y cuanto más rápido late, más dinero fluye a las arcas de la ciudad. La «milla más pecaminosa del mundo» de St. Pauli también forma parte del puerto, solo que a los remolcadores aquí se les llama porteros y a los marineros rara vez se les ve (así de breves se han vuelto las estadías de los barcos).

La navegación mercante apareció por primera vez en el año 1225 con una carta blanca del káiser Barbarroja falsificada por el Consejo de la ciudad y que voluntariamente se había antedatado al 7 de mayo de 1189. Este certificado otorgaba la exención de impuestos sobre los sacos de pimienta por el Elba río abajo y hasta la desembocadura. (*Pfeffersäcken*, sacos de pimienta, es como también les gusta que los llamen a los hábiles comerciantes de Hamburgo. Si el sinónimo, que en principio hace referencia a la prosperidad, se dice de manera cariñosa o despectiva, dependerá de lo que opine cada uno). Cada vez más barcos de vela atracaban frente a los depósitos y almacenes en los canales. La ubicación de la primera zona portuaria (el canal Nikolaifleet), entre el Alster y el Elba, era ideal: los trayectos a los almacenes eran cortos y las mercancías podían seguir comercializándose directamente. En el s. XIV, Hamburgo se convirtió en miembro importante de la Liga Hanseática y hasta bien entrado el s. XIX, cuando la Hansa ya hacía tiempo que había desaparecido, en el canal Nikolai aún se transbordaban mercancías y bienes de todo tipo.

Sin embargo, su importancia como puerto fluvial empezó a decrecer a medida que ganaba importancia la navegación a vapor y los cargueros cada vez eran más grandes. En 1863 se creó el Sandtorhafen, la primera zona portuaria moderna en la que se podían descargar los barcos aún más rápido con grúas. Ahora las mercancías se cargaban directamente en vagones de ferrocarril o se almacenaban provisionalmente en grandes cobertizos; a partir de 1888 lo harían en la Speicherstadt, el mayor

## donde late el corazón de hamburgo

### PUERTO

complejo de almacenes existente en la actualidad y hoy en día, Patrimonio de la Humanidad de la Unesco.

30 años más tarde, el período de prosperidad comenzó para muchos hamburgueses, ya que la situación de los pedidos de las nuevas empresas industriales y portuarias prometía un mayor crecimiento, debido entre otras cosas al Canal de Kiel de Brunsbüttel a Kiel, que acortó el viaje marítimo al mar Báltico en varios días a partir del 20 de junio de 1895. Tras Nueva York y Londres, Hamburgo contaba en ese tiempo con el tercer puerto más grande del mundo, y la vanidad cegó tanto a los hamburgueses que durante décadas pasaron por alto las señales de alerta.

Bien es cierto que desde finales de los años 60 del pasado siglo, el puerto de Hamburgo también reaccionó al aumento de transbordos de contenedores con cuatro terminales para contenedores. Sin embargo, este mercado es frágil y está sometido a enormes fluctuaciones, ya que se guía por la economía global y los desarrollos políticos. Además, existe la competencia de los puertos de Róterdam y Amberes, y también el ahondamiento del Elba que estaba planeado desde 1998, pero que el Tribunal Supremo no autorizó hasta el 2017 y que quizás vuelva de nuevo a retrasarse durante años porque en una superficie de compensación prevista recientemente se encontraron larvas de *Gomphus flavipes*, un tipo de libélulas en peligro de extinción por el que los ecologistas seguramente lucharán hasta la última instancia, como ya hicieron antes por el felandrio acuático *Schierlings-Wasserfenchel*. Polémicas aparte, los días del crecimiento continuo y trepidante en el transbordo de mercancías han llegado simplemente a su fin. No habrá una segunda globalización ni, por supuesto, tampoco una segunda caída del muro de Berlín, como cuando el puerto de Hamburgo se convirtió repentinamente en la plataforma para todo el comercio con Europa del Este.

Afortunadamente, existe el boom de los cruceros. No obstante, la idea de «turistas en lugar de contenedores» solo puede ser un paso más en el ya planeado camino hacia el «puerto universal». Este concepto es una especie de marcapasos que pronto se implantará en las zonas de barbecho existentes en el área del puerto. Se creará un popurrí lucrativo de industria y negocios, talleres de reparación y compañías de logística, refinerías, mercancías a granel como carbón y mena, y empresas mercantiles, pero también viviendas asequibles para todos los que encuentren trabajo allí en el futuro.

**Der Hamburger Fischmarkt ist im Sommer von 5 Uhr, im Winter von 7 Uhr bis 9.30 Uhr geöffnet.**

Hamburg Fish Market is open from 5 a.m. to 9.30 a.m. in summer, and from 7 a.m. to 9.30 a.m. in winter.

**Le marché du *Fischmarkt* est ouvert de 5 h en été ou 7 h en hiver à 9 h h30.**

El mercado del pescado de Hamburgo abre a las 5:00 h en verano y a las 7:00 h en invierno, y cierra a las 9:30 h.

**Bei Sturmflut heißt es rund um die alte Fischauktionshalle »landunter«.**
The area around the *Fischauktionshalle* is often underwater during flooding.
**Par grandes crues, l'ancienne criée aux poissons a les pieds dans l'eau.**
Cuando hay marea viva, se inundan los alrededores de la antigua lonja del pescado.

**Der Alte Elbtunnel (1911) verbindet die
Landungsbrücken mit der Elbinsel Steinwerder.**
The Old Elbe Tunnel (1911) connects the
Landungsbrücken piers with the island of Steinwerder.
**L'ancien tunnel sous l'Elbe (1911) relie les
Landungsbrücken à l'île de Steinwerder.**
El antiguo túnel del Elba (1911) une el muelle
de Landungsbrücken con la isla Steinwerder.

**Die Emmauskirche in Wilhelmsburg duckt
sich unter riesigen Windkrafträdern und
den Pylonen der Köhlbrandbrücke.**
The Emmaus Church in Wilhelmsburg is
overshadowed by giant wind turbines and
the pylons of the Köhlbrandbrücke bridge.
**L'église Emmaüs de Wilhelmsburg est
blottie sous d'immenses éoliennes et sous
les pylônes du pont de la Köhlbrandbrücke.**
La iglesia Emmauskirche de Wilhelmsburg,
escondida entre enormes aerogeneradores
y los pilones del puente Köhlbrand.

**Das Hochbahn-Viadukt der Linie U 3 entlang der nördlichen Hafenkante ist wohl die schönste U-Bahn-Strecke der Welt.**

The U3 railway viaduct is possibly the world's most beautiful stretch of rapid transit.

**Le viaduc ferroviaire aérien de la ligne U3, qui longe la rive nord de l'Elbe, est le plus beau tronçon de métro au monde.**

El viaducto de tren elevado de la línea U3 por la ribera norte del puerto es probablemente el trayecto de metro más bonito del mundo.

**Arbeitskräne von Blohm+Voss, der letzten Großwerft im Hamburger Hafen.**

Working cranes at Blohm+Voss, Hamburg's last-remaining major shipyard.

**Grues de Blohm+Voss, le dernier grand chantier naval du port de Hambourg.**

Las grúas de Blohm+Voss, el último gran astillero en el puerto de Hamburgo.

**Ein Hafen für alle.**
A port for all.
**Un port ouvert à tous.**
Un puerto para todos.

**Duckdalben sind ein bevorzugter Rastplatz von Möwen.**
Gulls like to perch on the port's 'dolphins'.
**Les ducs-d'Albe sont un lieu de repos privilégié des mouettes.**
Los noráis son un lugar de descanso privilegiado para las gaviotas.

Neben dem Containergeschäft tragen die
Kreuzfahrtschiffe immer mehr zur
wirtschaftlichen Entwicklung des Hafens bei.
In addition to container vessels, cruise ships
are playing an increasingly important role in
the port's economic growth.
Il n'y a pas que les conteneurs : les croisières
jouent un rôle de plus en plus important
pour le développement économique du port.
Junto al negocio de los contenedores,
los cruceros contribuyen cada vez más al
desarrollo económico del puerto.

Ein Airbus im Landeanflug aufs
Werksgelände in Hamburg-Finkenwerder.
An Airbus on its descent towards the
company's site in the Finkenwerder area.
Un Airbus en phase d'atterrissage
sur le site de Hambourg-Finkenwerder.
Un Airbus en vuelo de aproximación sobre los
terrenos de la empresa en Hamburgo-Finkenwerder.

**Nach Rotterdam und Antwerpen ist der
Hamburger Hafen der drittgrößte Europas.**
The Port of Hamburg is the third-busiest
in Europe, behind Rotterdam and Antwerp.
**Hambourg est le troisième port d'Europe
après Rotterdam et Anvers.**
El puerto de Hamburgo es el tercero más grande
de Europa, por detrás de Róterdam y Amberes.

**Über 4,8 Millionen Backsteine wurden im Chilehaus verbaut.**

The Chilehaus building is made up of more than 4.8 million bricks.

**Le « Chilehaus » comporte plus de 4,8 millions de briques.**

En la Chilehaus se emplearon más de 4,8 millones de ladrillos.

# architektur

architecture
architecture
arquitectura

Wind und Wasser seien die beiden Elemente, die Hamburg prägen, heißt es so schön. Aber es gibt noch ein drittes: Backstein. Anfang des 20. Jahrhunderts war es der Architekt und Städteplaner Fritz Schumacher, der diesem traditionsreichen Baumaterial in Hamburg zu neuer Geltung verhalf, wo es in Schulen, Schwimmbädern, Kontorhäusern, Verwaltungs- und Bürogebäuden, Wohn- und Geschäftshäusern genutzt wurde. Das bedeu-

# die rote stadt

## ARCHITEKTUR

tendste Beispiel aus dieser Zeit ist das 1924 eröffnete Chilehaus des Hamburger Salpeterkönigs Henry B. Sloman im Kontorhausviertel an der Fischertwiete. Geradezu inflationär wurde der rote Backstein dann kurz nach dem Zweiten Weltkrieg verbaut; in den zerstörten Stadtteilen Barmbek, Eilbek, Hamm, Hohenfelde und Wandsbek, um mit Mietshäusern den vielen ausgebombten Hamburgern und den Flüchtlingen aus den ehemaligen deutschen Ostgebieten wieder ein Dach über dem Kopf zu verschaffen.

Das wirklich Erstaunliche am Hamburger Stadtbild ist aber, dass die meisten Bauten viel jüngeren Datums sind, als es ihr Anblick vermuten lässt. Der Grund hierfür ist der Große Brand von 1842. Diese Katastrophe bot die einmalige Chance, die Stadt großzügiger aufzubauen. »Nachbrandarchitektur« nennt man heute diese Phase, in der die damaligen »Stararchitekten« Alexis de Chateauneuf, Gottfried Semper und der englische Ingenieur William Lindley nebst zahlreichen talentierten Kollegen für das Stadtbild sorgten, das wir heute so schätzen. Die begradigte Uferlinie

der Binnenalster zum Beispiel und, als architektonisches Prunkstück, die klassizistischen Alsterarkaden, deren ebenmäßige Bogengänge venezianischen Charme verströmen. Auch viele Kaufleute ließen sich in den Elbvororten nun weiß verputzte Villen errichten, von denen manche eher wie kleine Paläste anmuten.

1892, als dann auch die letzte verheerende Choleraepidemie mit rund 8.600 Toten überstanden war, wurden die Gängeviertel bis auf wenige Häuser (noch zu sehen in der Deichstraße und am Valentinskamp) abgerissen. Das schaffte erneut mehr Platz für breitere Straßen sowie neue Kontor- und Geschäftshäuser.

Die Cholera sowie zahlreiche Streiks hatten auch für Verzögerungen beim Bau des neuen Rathauses gesorgt, über dessen geplantes Aussehen bereits seit 1842 gestritten worden war, bevor 1886 endlich 4.000 Eichenpfähle in den Grund gerammt werden konnten, auf denen das Hamburger Rathaus mit seinem 112 Meter hohen Turm bis heute steht. Der riesige Neorenaissancebau am Rathausmarkt (sagen Sie bitte niemals – wirklich niemals – Rathausplatz!) ist vom Krieg verschont geblieben. Er gleicht eher einem Schloss, wobei seine sinnliche Pracht natürlich nur den Stolz einer jahrhundertealten echten Bürgerrepublik zum Ausdruck bringen soll ...

Wenig später zog der neogotische Baustil ins Stadtbild ein, zum einen mit der Nikolaikirche – heute dient die Weltkriegsruine als Mahnmal –, besonders aber mit der ab 1883 erbauten Speicherstadt, dem bis heute weltgrößten Lagerhauskomplex. Der bewusste ar-

chitektonische Blick zurück aufs Mittelalter sollte Vertrauen stiften für die Neuzeit, die für die Menschen zahlreiche neue Aufgaben bereithielt. Das gelingt bis in die Gegenwart: Zwar beherbergen viele »Böden« der Lagerhäuser nach wie vor Waren aus der ganzen Welt, doch der funktionale Charme der Speicherstadt zieht kreative Unternehmen wie Werbeagenturen, Filmproduktionen und Start-ups an. Auch zwei Touristenmagneten haben sich in der Speicherstadt niedergelassen – das mittlerweile weltberühmte Miniatur Wunderland und nur ein paar Eingänge weiter die deutsche Dependance der Stage Entertainment, die in der Stadt inzwischen vier Musicaltheater betreibt und Hamburg zur deutschen Hauptstadt dieses touristenfreundlichen Kulturguts gemacht hat.

Seit der Jahrtausendwende bestimmen zunehmend Glasfassaden das Stadtbild, die etwa der Architekt Hadi Teherani vorzugsweise in seinem Repertoire hat. Sie bilden neben der HafenCity die Symbole für den architektonischen Aufbruch der Stadt ins 21. Jahrhundert. Dieser neue Stadtteil, der einen Abschnitt des Hafengebiets als Lebensraum für den Menschen erobert, ist noch nicht fertig. Allerdings sind mit dem Überseequartier, dem Marco-Polo-Tower oder dem neuen Unilever-Haus mehrere herausragende Bauwerke entstanden, die gleichwohl von zwei Projekten in den Schatten gestellt werden: zum einen von der Elbphilharmonie, die als kühne Glasarchitektur auf einem alten Kaispeicher ruht, zum anderen vom 233 Meter hohen »Elbtower«, der zwischen den Elbbrücken emporragt und 2025 das Jahrhundert-Bauprojekt HafenCity abschließen soll.

People always say that wind and water are the two defining elements of Hamburg. But there is a third: brick. In the early 20th century, architect and urban planner Fritz Schumacher brought this traditional construction material to the fore in Hamburg, where it was used to build schools, swimming baths, commercial buildings, administration buildings, office complexes and housing. The most significant example from this period is the Chilehaus (in the Kontorhausviertel quarter on Fischertwiete), which was built on behalf of Hamburg-based saltpetre magnate Henry B. Sloman and opened in 1924. Almost excessive use was then made of red brick shortly after the end of World War II; in the ravaged districts of Barmbek, Eilbek, Hamm, Hohenfelde and Wandsbek, it was used to build the rented housing that put roofs over the heads of the many Hamburg residents whose homes had been bombed, as well as the refugees from Germany's former eastern territories.

What is really astounding about Hamburg's cityscape, however, is that many of the buildings are much younger than their appearance suggests. This is due to the Great Fire of 1842. This disaster presented a unique opportunity to rebuild the city in more spacious fashion. This phase is now referred to as 'postfire architecture', with the then star architects Alexis de Chateauneuf and Gottfried Semper, as well as the British engineer William Lindley and many other talented figures, producing much of the cityscape that we know and love today. This includes the straightened course of the banks of the Inner Alster Lake, as well as an architectural jewel in the form of the neoclassical Alsterarkaden (Alster arcades), whose regular archways exude Venetian allure. At this time, many merchants also had gleaming white villas erected in the leafy suburbs along the river Elbe, with some of these houses almost palatial.

In 1892 – following the final devastating cholera epidemic, which claimed some 8,600 lives – the narrow *Gängeviertel* quarters were demolished (with the exception of the handful of buildings that can still be seen on Deichstrasse and Valentinskamp). This created even more space for wider thoroughfares, as well as new commercial and office buildings.

However, cholera and a wave of strikes resulted in delays in the construction of the new town hall building (the planned appearance of which caused controversy as early as 1842) before 4,000 oak stakes were finally driven into the ground in 1886 to form the foundation on which the town hall, with its 112-metre-high tower, still stands today. This giant neo-Renaissance structure on Rathausmarkt square (please never – and we mean never – say 'Rathausplatz') emerged unscathed from the war. Although it is more akin to a castle, its visual opulence, of course, merely serves to express the pride of a true republic with millennia of history.

Shortly afterwards, the neo-Gothic style made its presence felt in the cityscape. With St Nicholas' Church (*Nikolaikirche*), for example, which was destroyed in the war and whose ruins now serve as an anti-war memorial, but especially in the form of the Speicherstadt, which was built from 1883 onwards and remains the world's largest warehouse complex. The conscious architectural nod to the Middle Ages sought to inspire confidence for the modern era, which harbours many new challenges for humanity. This confidence persists today: although many of the warehouses still store goods from all corners of the globe, the utilitarian charm of the Speicherstadt also attracts creative enterprises such as ad agencies, film production companies and start-ups. The Speicherstadt is also home to two tourist magnets – the now world-famous Miniatur Wunderland model railway and, just a few doors down, the German branch of Stage Entertainment, which manages four musical theatres in the city, making Hamburg the musical capital of Germany (with musicals a particularly popular form of entertainment amongst tourists).

Since the turn of the millennium, glass facades have become an increasingly popular part of the cityscape, and are a favourite element in the repertoire of architects such as Hadi Teherani. Alongside the HafenCity, these facades symbolise the city's architectural leap into the 21st century. This new district, which has transformed a section of the port into a place for people to live, is not yet complete. Nevertheless, several outstanding structures – such as the Überseequartier, the Marco Polo Tower and the new Unilever headquarters – have been built, but they are nonetheless eclipsed by two other projects:

# a city in red

## ARCHITECTURE

the Elbphilharmonie concert hall, whose bold glass architecture is built atop an old dockland warehouse, and the 233-metre-high Elbtower, which – when completed in 2025 – will rise up between the bridges spanning the Elbe and round off the iconic HafenCity project.

À Hambourg, on dit que le vent et la mer sont les deux éléments constitutifs de la ville. Mais il y en a un troisième : la brique. C'est l'architecte et urbaniste Fritz Schumacher qui a aidé à revaloriser ce matériau de tradition au début du XXᵉ siècle à Hambourg. Il a ainsi été utilisé pour construire des écoles, des piscines, des comptoirs, des bâtiments administratifs et de bureaux et des immeubles résidentiels et commerciaux. L'exemple le plus remarquable de ce type est le « Chilehaus » d'Henry B. Sloman, roi du nitrate de potassium, ouvert en 1924 dans le quartier des comptoirs, dans la ruelle de Fischertwiete. L'utilisation de la brique rouge a véritablement explosé après la Seconde Guerre mondiale, où il a fallu ériger des immeubles locatifs dans les quartiers de Barmbek, Eilbek, Hamm, Hohenfelde et Wandsbek, en ruines, pour abriter les nombreux hambourgeois expulsés par les bombes et les réfugiés des anciens territoires allemands d'Europe de l'Est.

Ce que le paysage hambourgeois a de vraiment surprenant, c'est que la plupart des bâtiments sont bien moins anciens qu'il n'y paraît, ce qui tient au grand incendie de 1842. Cette catastrophe a offert à la ville une possibilité unique de se reconstruire avec des dimensions

dessinés en lignes droites, ou du joyau architectural classiciste que sont les « arcades de l'Alster » (« Alsterarkaden », en allemand), dont les belles proportions respirent un charme des plus vénitiens. À l'époque, de nombreux marchands se sont également fait construire des villas à l'enduit blanc dans les faubourgs de la ville, en bordure de l'Elbe ; certaines ont même des airs de petits palais.

En 1892, la dernière grande épidémie de choléra se solda par quelque 8 600 morts et on décida de raser les bâtiments des labyrinthes de ruelles à quelques exceptions près (que l'on peut encore admirer dans les rues Deichstraße et Valentinskamp). Cette mesure a à nouveau libéré des espaces pour élargir les rues et construire de nouveaux comptoirs et immeubles commerciaux.

Cependant, le choléra et les nombreuses grèves ont également retardé la construction du nouvel hôtel de ville (en allemand « Rathaus »). Son apparence faisait déjà l'objet de controverses depuis 1842, avant que les 4 000 pieux en chêne qui soutiennent encore la bâtisse et sa tour de 112 mètres de hauteur ne soient enfin plantés en 1886. Ce gigantesque bâtiment de style néo-Renaissance situé sur la

mais de monument aux victimes de la Seconde Guerre mondiale), mais surtout sous la forme du quartier de la Speicherstadt, construit en 1883 et qui reste le plus grand complexe d'entrepôts au monde. Cette évocation architecturale volontaire du Moyen-Âge devait susciter la confiance en l'Époque moderne et sa foule de nouvelles occupations. C'est là un fait qui n'a pas changé : si beaucoup de « greniers » des entrepôts servent encore à stocker des marchandises en provenance du monde entier, le charme fonctionnel de la Speicherstadt attire de nombreuses entreprises du secteur créatif, comme des agences de publicité, des sociétés de production de cinéma et des start-ups. Deux aimants à touristes se sont également installés dans la Speicherstadt, à savoir d'une part le Miniatur Wunderland, un musée de la miniature à la renommée internationale et, quelques portes plus loin, les bureaux allemands de Stage Entertainment, une entreprise de divertissement qui gère désormais quatre théâtres de comédies musicales et a fait de Hambourg la capitale allemande de ce produit culturel touristique.

Depuis le début du nouveau millénaire, l'architecture est de plus en plus marquée par les façades en verre, élément très utilisé par l'architecte Hadi Teherani. Aux côtés de la HafenCity, ces façades sont le symbole du renouveau architectural de la ville à l'aube du XXIᵉ siècle. Ce nouveau quartier, qui a pour vocation de transformer une partie des zones portuaires en espaces résidentiels, n'est pas encore achevé. Plusieurs ouvrages prééminents ont été construits, comme l'Überseequartier, la Marco Polo Tower ou le nouveau bâtiment d'Unilever, mais à qui deux autres projets font de l'ombre : l'Elbphilarmonie, avec sa structure en verre audacieuse qui repose sur un ancien entrepôt, et l'Elbtower, un immeuble de 233 mètres de hauteur qui s'élancera vers le ciel en entre les « ponts de l'Elbe » (Elbbrücken) et conclura le projet de construction séculaire qu'est la HafenCity.

# la ville rouge

## ARCHITECTURE

plus généreuses. Cette « architecture post-incendie », comme on l'appelle aujourd'hui (« Nachbrandarchitektur », en allemand) est l'œuvre des « architectes stars » de l'époque, Alexis de Chateauneuf, Gottfried Semper et l'ingénieur anglais William Lindley, qui ont créé, aux côtés de nombreux collègues de talent, le paysage urbain que nous apprécions tant aujourd'hui. C'est le cas des bords de l'Alster intérieure, par exemple, qui ont été re-

place du « marché de l'hôtel de ville » (« Rathausmarkt ») a su résister à la guerre. Malgré ses allures de château, ses airs voluptueux sont bien sûr uniquement censés exprimer la fierté d'une authentique république de citoyens séculaire...

Peu de temps après, le style néogothique s'invitait dans l'architecture hambourgeoise sous la forme de l'église Saint-Nicolas (dont les ruines détruites par les bombes servent désor-

Se suele decir que el viento y el agua son los dos elementos que caracterizan a Hamburgo. No obstante, existe un tercero: el ladrillo. A principios del s. XX, fue el arquitecto y urbanista Fritz Schumacher quien contribuyó a revalorizar este tradicional material de construcción en Hamburgo, donde se utilizó en escuelas, piscinas públicas, edificios de despachos, de oficinas, administrativos, de viviendas y de negocios. El ejemplo más notable de esta época es la Chilehaus, inaugurada en 1924 y perteneciente al hamburgués «rey del salitre» Henry B. Sloman y ubicada en el barrio Kontorhausviertel en la Fischertwiete. Poco después de la Segunda Guerra Mundial, el ladrillo rojo se empleó en la construcción de una manera realmente excesiva: en los barrios destruidos de Barmbek, Eilbek, Hamm, Hohenfelde y Wandsbek con el fin de construir viviendas para los hamburgueses víctimas de los bombardeos y para los refugiados que procedían de los antiguos territorios alemanes del este.

Sin embargo, lo verdaderamente sorprendente de la fisionomía urbana de Hamburgo es que la mayoría de construcciones parecen mucho más antiguas de lo que en realidad son. El causante de ello fue el gran incendio de 1842. Esta catástrofe brindó la oportunidad única de construir la ciudad de manera más espaciosa. Hoy en día, se denomina «*Nachbrandarchitektur*» (arquitectura posterior al incendio) a este período en el que los «arquitectos estrella» de la época Alexis de Chateauneuf, Gottfried Semper y el ingeniero inglés William Lindley, junto con numerosos colegas de talento, se ocuparon de la fisionomía de la ciudad que hoy tanto apreciamos. De aquí surgió el encauzamiento del lago Binnenalster, por ejemplo, y como obra maestra arquitectónica, las Alsterarkaden, galerías de estilo clasicista cuyas arcadas simétricas emanan encanto veneciano. Además, fueron muchos los comerciantes que, en las zonas periféricas del Elba, construyeron mansiones enlucidas de blanco, algunas de las cuales se asemejan a pequeños palacios.

En 1892, cuando terminó la última y devastadora epidemia de cólera con cerca de 8600 muertos, se demolieron los barrios de callejuelas estrechas, con excepción de unos pocos edificios (que aún se pueden ver en la calle Deichstraße y en Valentinskamp). Esto volvió a permitir que se contara con más espacio para calles más anchas y nuevos edificios de oficinas y negocios.

Por otro lado, tanto el cólera como las numerosas huelgas también causaron demoras en la construcción del nuevo ayuntamiento, cuyo

# la ciudad roja

## ARQUITECTURA

diseño se venía debatiendo ya desde 1842 hasta que, finalmente, en 1886 se pudieran clavar los 4000 pilotes de roble sobre los que, hasta la actualidad, se erige el ayuntamiento de Hamburgo con su torre de 112 metros de altura. La enorme edificación neorrenacentista en la Rathausmarkt se salvó de la guerra. Se asemeja más a un palacio, aunque su magnificencia sensorial, por supuesto, solo busca poner de manifiesto el orgullo de una auténtica república civil de siglos de antigüedad...

Poco después, el estilo arquitectónico neogótico se instaló en la fisionomía de la ciudad, por un lado con la iglesia de San Nicolás (Nikolaikirche; hoy la ruina de la Guerra Mundial se ha convertido en monumento), pero especialmente con la Speicherstadt, construida a partir de 1883 y, hasta hoy, el complejo de almacenes más grande del mundo. La deliberada inspiración arquitectónica medieval tenía la intención de transmitir confianza en los tiempos modernos, que a su vez deparaban a las personas numerosos nuevos cometidos. Esto se lleva logrando hasta el día de hoy: si bien es cierto que muchos «pisos» de los almacenes albergan mercancías igual que antes, el encanto funcional de la Speicherstadt también atrae a muchas compañías creativas como agencias de publicidad, de producciones cinematográficas y empresas emergentes. Además, también se han establecido en la Speicherstadt dos imanes turísticos: el mundialmente famoso Miniatur Wunderland y, solo un par de entradas más allá, la filial alemana de Stage Entertainment, que en estos momentos gestiona cuatro teatros de musicales en la ciudad y ha convertido a Hamburgo en la capital alemana de este patrimonio cultural de gran atractivo turístico.

Desde el cambio de milenio, las fachadas de cristal caracterizan cada vez más un paisaje urbano como el que el arquitecto Hadi Teherani prefiere en su repertorio. Junto a la HafenCity, conforman los símbolos de la marcha arquitectónica de la ciudad al s. XXI. Este nuevo barrio, que ha conquistado una parte del área portuaria como espacio para que lo habiten las personas, aún no está terminado. En todo caso, con el Überseequartier, la torre Marco Polo o el nuevo Unilever-Haus se construyeron varios edificios extraordinarios que, no obstante, quedaron eclipsados por dos proyectos: por un lado, por la Filarmónica del Elba, que con su atrevida arquitectura de cristal descansa sobre un antiguo almacén del muelle. Por otro lado, por la Elbtower, que con sus 233 metros de altura sobresale entre los puentes del Elba y que concluirá en 2025 el proyecto arquitectónico del sigo: la HafenCity.

**Das elegante Treppenhaus im neunstöckigen Kontorhaus Sprinkenhof (1927).**

The elegant staircase in the nine-storey Sprinkenhof building (1927).

**L'élégante cage d'escalier du comptoir du Sprinkenhof (1927), qui comporte neuf étages.**

La elegante escalera en el Sprinkenhof (1927), un edificio de oficinas de nueve pisos.

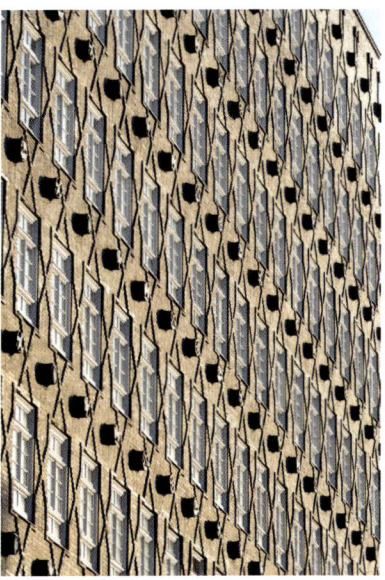

**Das Chilehaus (1922) des Architekten
Fritz Höger ist seit 2015 Weltkulturerbe.**
The Chilehaus building (1922), designed by architect Fritz
Höger, was declared a UNESCO World Heritage site in 2015.
**Le Chilehaus (1922), de l'architecte Fritz Höger, est
inscrit au patrimoine culturel mondial depuis 2015.**
La Chilehaus (1922) del arquitecto Fritz Höger es
Patrimonio de la Humanidad de la Unesco desde 2015.

**Backsteinkunst am Bau (Sprinkenhof).**
Artistic brickwork (Sprinkenhof).
**La bâtiment et l'art de la briqueterie (Sprinkenhof).**
Arte con ladrillos en la construcción (Sprinkenhof).

**Das Kontorhausviertel, ebenfalls Weltkulturerbe, spiegelt außen wie innen die enorme wirtschaftliche Kraft der Hamburger Kaufmannschaft wider.**

The Kontorhausviertel district, also a UNESCO World Heritage site, reflects – inside and out – the immense economic power of Hamburg mercantile society.

**Le quartier des comptoirs, inscrit au patrimoine culturel mondial, reflète à l'intérieur comme à l'extérieur l'énorme puissance économique des négociants hambourgeois.**

El barrio Kontorhausviertel, también Patrimonio de la Humanidad, refleja en su exterior e interior el enorme poder económico de los comerciantes de Hamburgo.

Seit einigen Jahren bestimmen neben den klassischen Backstein-
zunehmend gläserne Fassaden das Gesicht der Stadt, wie am
»Dockland« im Fischereihafen Altona, an der Ludwig-Erhard-
Straße, am Cruise Center Altona oder an der U-4-Haltestelle
Elbbrücken.

Alongside traditional brick, glass facades have become an increasingly
prominent part of the cityscape in recent years, such as at Dockland
Hamburg in Altona, on Ludwig-Erhard-Straße, at Cruise Center
Altona or at the U4 underground station 'Elbbrücken'.

Depuis des années déjà, outre la brique classique, les façades en
verre marquent la physionomie de la ville, comme au « Dockland »,
au port de pêche d'Altona, dans la rue Ludwig-Erhard-Straße, au
terminal de croisière d'Altona ou avec l'arrêt de métro de la ligne
U4, au niveau des Elbbrücken.

Desde hace algunos años, las fachadas de cristal caracterizan cada vez
más la imagen de la ciudad, como en el Dockland del puerto pesquero
Altona, en la calle Ludwig-Erhard, en el Cruise Center Altona o en la
parada de metro Elbbrücken de la línea 4.

**Die Elbphilharmonie gilt als architektonischer Meilenstein, Kulturtempel und Marketingobjekt.**

The Elbphilharmonie is an architectural milestone, a temple of culture and a marketing instrument.

**L'Elbphilarmonie est considérée à la fois comme un jalon architectural, un temple de la culture et un objet de marketing.**

La Filarmónica del Elba se considera un hito arquitectónico, un templo de la cultura y un elemento de marketing.

**Die Köhlbrandbrücke – seit 1974 eine wichtige Verkehrsader im Hafen und mit 3618 Metern eine der längsten Straßenbrücken Deutschlands.**

The Köhlbrandbrücke bridge, a major transport route in the port, and, at 3,618 metres, one of Germany's longest road bridges.

**Depuis 1974, le pont de la Köhlbrandbrücke est une artère clé du port et un des ponts routiers les plus longs d'Allemagne (3 618 mètres).**

El puente Köhlbrand: desde 1974 una importante arteria del tráfico en el puerto y uno de los puentes de carretera más largos de Alemania con 3618 metros.

# brücken

bridges
ponts
puentes

Als die Köhlbrandbrücke am 20. September 1974 vom damaligen Bundespräsidenten Walter Scheel eingeweiht wurde, konnten die Hamburger ihr neues Wahrzeichen drei Tage lang zu Fuß erkunden. Mehr als 600.000 Menschen marschierten damals über die gut dreieinhalb Kilometer lange, elegante Konstruktion der zweitgrößten (oder auch zweitlängsten) Straßenbrücke Deutschlands. Spektakulär ist die 135 Meter hohe »Golden Gate des Nordens« über dem Süderelbearm Köhlbrand auf jeden Fall. 100.000 Erinnerungsmünzen hatte die Stadt prägen lassen, sie waren sofort vergriffen.

Etwa 37.000 Fahrzeuge täglich, davon jede Menge Schwerlasttransporte, nutzen inzwischen diese Brücke, die hauptsächlich für den Hafenverkehr zwischen der östlichen Hafenseite und der Autobahn A 1 sowie der westlichen Hafenseite und der A 7 gebaut wurde. Doch Hamburg könnte bald um ein Wahrzeichen ärmer werden: Denn trotz einer grundlegenden Sanierung 2016 gilt die Köhlbrandbrücke als altersschwach. Vor allem aber ist sie mindestens 20 Meter zu niedrig für die

erhalten soll sowie eine eigene Fahrradspur. Aber wenn bereits die bestehende Querung alle Attribute auf sich vereint, die ein atemberaubendes Bauwerk beinhaltet – technische Finesse, Eleganz und Originalität – wie großartig würde dann wohl eine neue Köhlbrandbrücke aussehen?

Mit dem Brückenbau kennt man sich nämlich aus in Hamburg: Rund 2.500 sollen auf dem Stadtgebiet stehen, genau weiß das niemand, nicht mal der Landesbetrieb Verkehr. Das Guinness-Buch der Rekorde meint, es seien mehr Brücken als in Venedig und Amsterdam zusammen. Doch irgendwie ist dieser häufig strapazierte Vergleich albern, denn die Hansestadt ist schließlich beinahe doppelt so groß wie die italienische Lagunenstadt und etwa dreimal so groß wie Amsterdam.

Zu den schönsten Brücken der Stadt zählt die Alte Harburger Elbbrücke, die schon rund 120 Jahre auf dem Buckel hat und als eine der wenigen Brücken ein richtiges Brückenportal besitzt. Sie gilt als eine der Ikonen der Brückenarchitektur – so wie die Lombardsbrücke, die auf einem alten Abschnitt der Hamburger

augenblicklich ein Gefühl von Heimat, Glück und Stolz auslösen kann. Die parallel verlaufende Kennedybrücke aus den 1950er-Jahren zeigt die Außenalster als Postkartenmotiv.

Die Trostbrücke über das Nikolaifleet führte einst zum »Niedergericht«, das sich bis zum Großen Brand von 1842 gegenüber vom alten Rathaus befand. Einst soll auf ihr ein großes Kreuz gestanden haben, um den Delinquenten auf ihrem nicht selten letzten Gang »Trost zu spenden«. Sie ist auch eine dieser zahllosen Brücken in der Stadt, die man zwar wahrnimmt, aber auf der man nicht unbedingt stehen bleibt. Da gibt es ganz andere Kaliber, in allen Längen und Breiten, aus Stein, aus Holz, aus Eisen und Stahl oder Beton; schöne und romantische Brücken, aber auch architektonische Unfälle.

Ob das Hochbahnviadukt zwischen den Haltestellen Rödingsmarkt und Landungsbrücken ebenfalls als Brücke bezeichnet werden darf, ist strittig. Unstrittig dagegen ist, dass dieser Streckenabschnitt der Linie U 3 entlang des Hafens die attraktivste Art ist, die Vorteile des öffentlichen Personennahverkehrs auch optisch zu genießen. Wer dagegen die pralle Romantik sucht, wäre entweder auf der filigranen Michaelisbrücke zur Fleetinsel oder auf einer der sehenswerten Brücken in der Speicherstadt am besten aufgehoben, zum Beispiel auf der Wandrahmsfleet-Brücke oder der Holländisch-Brookfleet-Brücke, die zu den meistfotografierten Brücken der Stadt gehören. Vor allem Pärchen, die ihrer gegenseitigen Zuneigung ein wenig mehr Festigkeit verleihen wollen, sollten nicht vergessen, ein Liebesschloss fürs Brückengeländer mitzunehmen.

# was hamburger verbindet

## BRÜCKEN

Containerriesen der neuesten Generation, die das moderne Containerterminal in Altenwerder ansteuern sollen. Noch im Jahr 2018 wird die Stadt daher entscheiden, ob sie abgerissen und durch eine neue höhere Brücke ersetzt wird – oder durch einen Tunnel.

Fragte man die Hamburger, würde deren Vorschlag vermutlich »Brücke« lauten, obwohl der geplante Tunnel eine zweite Etage für autonom fahrende Containertransporter

Wallanlage ruht und seit 1865 als steinerne Brücke zwischen Binnen- und Außenalster die Alster überspannt. Von ihr hat man den schönsten Panoramablick über die Binnenalster auf die Hamburger Skyline. Es gibt viele Hamburger, die bei ihrer Rückkehr von einer Reise bewusst nicht am Hauptbahnhof aus dem Zug steigen, sondern bis zum Dammtorbahnhof weiterfahren, um etwa eine Minute lang diese Aussicht genießen zu können, die

Following the inauguration of the Köhlbrand-brücke bridge by the then German President Walter Scheel on 20 September 1974, the people of Hamburg were given the opportunity to walk along the city's new landmark. At the time, more than 600,000 people trekked across the elegant, three-and-a-half-kilometre-long structure, which is the second-largest (or second-longest) road bridge in Germany. This 135-metre-high 'Golden Gate of the North', which spans the Köhlbrand (an arm of the Lower Elbe), is nothing short of spectacular. The city minted 100,000 commemorative coins, which were sold out straight away.

Some 37,000 vehicles a day (including many heavy-goods vehicles) cross the bridge, which was primarily built to connect the eastern side of the port with the A1 motorway, and the western side with the A7 motorway. But Hamburg may soon lose one of its most famous landmarks: despite extensive refurbishment in 2016, the Köhlbrandbrücke bridge is seen as being past its sell-by date. First and foremost, it is at least 20 metres too low for the latest generation of giant container ships for which the state-of-the-art container terminal in Altenwerder is designed. Therefore, the city will decide by the end of 2018 whether it should be demolished and replaced by a higher bridge – or by a tunnel.

If you were to ask the people of Hamburg, they would probably answer 'bridge', even though the planned tunnel is set to include a second storey for self-driving container transport vehicles and a dedicated cycle lane. But even though the existing bridge brings together everything you would expect from a breath-taking structure – technical finesse, elegance and originality – just imagine how magnificent a new Köhlbrandbrücke bridge might be.

After all, bridge-building is a Hamburg speciality: it is estimated that the city is home to 2,500 or so bridges, although no one knows exactly (not even the body responsible, LBV). Guinness World Records believes that Hamburg has more bridges than Venice and Amsterdam combined. However, this somewhat hackneyed comparison misses the point, as Hamburg is almost twice the size of Venice and about three times the size of Amsterdam.

The most beautiful bridges in the city include the Alte Harburger Elbbrücke, which is around 120 years old and is one of the few bridges to boast a genuine portal. It is regarded as a bridge-building icon, as is the Lombards-brücke stone bridge – which is built on a section of the city's old ramparts and has been separating the Inner and Outer Alster Lakes

# connecting people

## BRIDGES

since 1865. It also affords the most delightful panoramic view over the Inner Alster and the Hamburg skyline. Many locals, when returning from their travels, deliberately stay on the train at the main station and travel one stop further to Dammtorbahnhof station, where they savour the view for a moment or two, enjoying the sense of belonging, elation and pride. The Kennedybrücke bridge, which was built in the 1950s, runs parallel to the Lombardsbrücke and offers a picture-postcard view of the Outer Alster.

The Trostbrücke ('bridge of solace') across the Nikolaifleet canal once led to the 'lower court', which was located opposite the old town hall until the Great Fire of 1842. It was once adorned by a large cross, which gave solace to the wrongdoers as they made what was often their final journey. It is one of the countless bridges in the city that you notice without necessarily stopping to pause as you cross it. After all, there are bridges of a whole other calibre, in myriad lengths and widths and whether in stone, wood, iron, steel or concrete; some

are beautiful and romantic, but some are an eyesore.

There is some dispute as to whether the overhead railway viaduct between the Rödingsmarkt and Landungsbrücken stations constitutes a bridge. What is beyond dispute, however, is that this stretch of the U3 line along the port is the best way to combine the convenience of the public transport network with stunning views. Anyone looking for unadulterated romanticism, however, will feel most at home on the intricate Michaelisbrücke leading to the Fleetinsel 'island' or on one of the remarkable bridges in the Speicherstadt, such as the Wandrahmsfleetbrücke or the Höllandischbrookfleetbrücke, which are two of the most-photographed bridges in the city. In particular, couples looking for a tangible way to express their mutual adoration should remember to attach a love lock to the railings.

Lorsque le pont de la Köhlbrandbrücke a été inauguré le 20 septembre 1974 par le président fédéral de l'époque, Walter Scheel, les Hambourgeois ont pu explorer à pied les moindres recoins de ce nouvel emblème de la ville pendant trois jours. Plus de 600 000 personnes ont alors parcouru les quelque 3,5 km de cette élégante construction, qui est le deuxième pont routier d'Allemagne en termes de taille (et de longueur). Du haut de ses 135 mètres, ce « Golden Gate du Nord » surplombe de manière spectaculaire un bras méridional de l'Elbe, le Köhlbrand. À l'époque, la ville avait fait frapper 100 000 pièces commémoratives, immédiatement épuisées.

Aujourd'hui, le pont est emprunté par quelque 37 000 véhicules par jour, dont beaucoup de poids lourds. Il sert essentiellement aux transports portuaires entre le côté est du port et l'autoroute A1 ainsi que les parties occidentales du port et l'A7. Néanmoins, Hambourg pourrait bientôt perdre l'un de ses emblèmes : malgré des travaux complets de rénovation en 2016, le pont se fait vieux. Mais surtout, il lui manque au moins une vingtaine de mètres pour laisser passer les gigantesques porte-conteneurs de la nouvelle génération qui

comprendrait un deuxième étage dédié aux véhicules de transport de conteneurs autonomes ainsi qu'une voie séparée pour les vélos. Si le modèle existant réunit déjà tous les attributs d'un ouvrage d'exception (finesse technique, élégance et originalité), à quoi pourrait donc ressembler un nouveau pont ?

C'est qu'on s'y connaît en construction de ponts, à Hambourg. Il y en aurait quelque 2 500 au total. Personne ne sait au juste combien il y en a, même pas la société de transport communale. Selon le livre Guiness des records, Hambourg aurait plus de ponts que Venise et Amsterdam réunies. Cependant, cette comparaison souvent galvaudée a un côté un peu absurde : après tout, Hambourg fait presque deux fois la taille de la cité lacustre italienne et environ trois fois celle d'Amsterdam.

Parmi les plus beaux ponts de la ville, on compte la « Alte Harburger Elbbrücke », avec ses quelque 120 ans au compteur et, chose rare, une porte à son bout. Il s'agit de l'une des icônes architecturales dans son domaine, tout comme celui de la Lombardsbrücke. Depuis 1865, ce pont de pierre qui repose sur une ancienne partie des fortifications hambourgeoises enjambe l'Alster et démarque la

ron de ce merveilleux paysage. Il est capable de déclencher instantanément un sentiment d'appartenance fort mêlé de bonheur et de fierté. Construit dans les années 1950, le pont Kennedy (« Kennedybrücke », en allemand), qui est parallèle à la Lombardsbrücke, a lui pour décor l'Alster extérieure.

La « Trostbrücke », littéralement le « pont de la consolation », qui enjambe le canal du Nikolaifleet, menait autrefois au tribunal de première instance situé face à l'ancien hôtel de ville jusqu'au grand incendie de 1842. Il s'y trouvait apparemment autrefois une grande croix censée réconforter les criminels lors de ce qui était souvent leur dernière sortie. C'est l'un des nombreux ponts de la ville que l'on remarque sans pour autant s'y arrêter. Il y a en effet des ouvrages d'un tout autre calibre, toutes longueurs et largeurs confondues, des constructions en pierre, en bois, en fer et en acier ou en béton, de beaux ponts aux allures romantiques, mais aussi des désastres architecturaux.

Peut-on encore considérer le viaduc ferroviaire aérien entre les stations de Rödingsmarkt et des Landungsbrücken comme un pont ? La question est controversée. C'est qui l'est moins, en revanche, c'est que ce tronçon de la ligne U2 qui longe le port permet de profiter de tous les avantages, y compris visuels, des transports en commun. Pour ceux qui recherchent la quintessence du romantisme, il y a le pont Michaelisbrücke, moins massif et qui mène à l'îlot urbain de la Fleetinsel, ou l'un des remarquables ponts de la Speicherstadt, comme celui du Wandrahmsfleet ou du Holländischbrookfleet, parmi les plus photographiés de Hambourg. Un conseil aux couples souhaitant sceller leur amour : n'oubliez pas d'accrocher votre cadenas au garde-corps !

# d'une rive à l'autre

## PONTS

doivent pouvoir accéder au terminal à conteneurs d'Altenwerder. La ville entend décider d'ici fin 2018 si le pont sera démoli pour être remplacé par un pont plus élevé... ou par un tunnel.

Si l'on interrogeait les Hambourgeois, ils s'exprimeraient sans doute en faveur d'un pont, même si le tunnel tel qu'il est prévu

limite entre l'Alster intérieure et extérieure. De là, on a l'une des plus belles vues sur l'Alster intérieure et sur le panorama urbain de Hambourg. En rentrant de voyage, beaucoup de Hambourgeois décident de ne pas descendre à la gare centrale (« Hauptbahnhof ») et de poursuivre leur route jusqu'à celle de Dammtor pour profiter pendant une minute envi-

Cuando el 20 de septiembre de 1974 el entonces Presidente de la República Walter Scheel inauguró el puente Köhlbrand, los hamburgueses pudieron explorar a pie su nuevo emblema durante tres días. Fue entonces cuando más de 600 000 personas caminaron sobre la elegante construcción de más de tres kilómetros y medio, el segundo puente de carretera más grande (o también más largo) de Alemania. En cualquier caso, el «Golden Gate del norte» es espectacular con sus 135 metros sobre el Köhlbrand, el brazo sur del río Elba. La ciudad acuñó 100 000 monedas conmemorativas, que se agotaron inmediatamente.

Desde entonces, cerca de 37 000 vehículos, incluyendo una gran cantidad de transportes de mercancía pesada, utilizan este puente a diario. Se construyó principalmente para el tráfico portuario entre el lado este del puerto y la autopista A1, así como también entre el lado oeste del puerto y la A7. Sin embargo, Hamburgo podría perder pronto una de sus construcciones emblemáticas, pues, a pesar de su renovación básica en 2016, el puente Köhlbrand se considera obsoleto. El principal problema que presenta es que, como mínimo, es 20 metros demasiado bajo para los buques portacontenedores de última generación que deben poner rumbo a la moderna terminal de contenedores de Altenwerder. Por ello, antes de que acabe el 2018, la ciudad decidirá si se demolerá y se sustituirá por un puente nuevo más alto o por un túnel.

Si se les preguntara a los hamburgueses, seguramente sugerirían la opción del puente, aunque el túnel planeado tendría un segundo piso para los portacontenedores autónomos y, además, su propio carril para bicicletas. Pero siendo que el viaducto existente ya reúne todos los atributos de una obra arquitectónica excepcional (sofisticación técnica, elegancia y originalidad), ¿cómo de impresionante sería un nuevo puente Köhlbrand?

Hamburgo ya tiene experiencia en la construcción de puentes: se supone que en el término municipal existen unos 2500, pero la cifra exacta no la sabe nadie, ni tan siquiera la autoridad regional de tráfico. El libro «Guinness» de los récords considera que hay más puentes que en Venecia y Ámsterdam juntas. Sin embargo, esta recurrente comparación es ridícula, pues al fin y al cabo, la ciudad hanseática casi duplica el tamaño de la ciudad italiana de los canales y por poco triplica el de Ámsterdam.

Entre los puentes más bonitos de la ciudad se encuentra el Alte Harburger Elbbrücke que, con cerca de 120 años a sus espaldas, es uno de los pocos puentes que cuenta con un portal de verdad. Está considerado uno de los iconos de la arquitectura de puentes, al igual que el Lombardsbrücke, que descansa sobre una antigua sección de la muralla de Hamburgo y que, como puente de piedra, cruza el Alster entre el Binnenalster y el Außenalster desde 1865. Desde él se aprecian las mejores vistas panorámicas del *skyline* de Hamburgo sobre el Binnenalster. Hay muchos hamburgueses que cuando vuelven de viaje, deciden no bajarse del tren en la estación central, sino que continúan el trayecto hasta la estación Dammtor para poder disfrutar de esta vista durante cerca de un minuto, lo que de manera inmediata puede desencadenar una sensación de arraigo, felicidad y orgullo. Paralelo a este se encuentra el Kennedybrücke, un puente de los años 50 del pasado siglo que muestra el Außenalster como si de una postal se tratara.

El Trostbrücke sobre el canal Nikolai antaño conducía al «Tribunal Inferior», que hasta el gran incendio de 1842 se encontraba enfrente del antiguo ayuntamiento. Antiguamente había sobre él una cruz para «consolar» a los delincuentes en su último trayecto. También es uno de esos innumerables puentes de la ciudad que no pasan desapercibidos, pero sobre los cuales uno no se detiene necesariamente. Hay puentes de toda índole, de todas las longitudes y anchuras, de piedra, de madera, de hierro y acero, o de hormigón, puentes hermosos y románticos, pero también accidentes arquitectónicos.

Que al viaducto de tren elevado entre las paradas Rödingsmarkt y Landungsbrücken también se le pueda llamar puente es algo cuestionable. Por el contrario, es indiscutible que este tramo de la línea U3 a lo largo del puerto

# lo que une a
# los hamburgueses

## PUENTES

es la manera más atractiva de disfrutar visualmente de las ventajas del transporte público. Si lo que se busca es el pleno romanticismo, nada mejor que las filigranas del Michaelisbrücke que da acceso a la Fleetinsel o uno de los magníficos puentes de la Speicherstadt, por ejemplo, el Wandrahmsfleet-Brücke o el Holländischbrookfleet-Brücke, que se encuentran entre los puentes más fotografiados de la ciudad. Especialmente las parejas que quieran afianzar un poco más su afecto mutuo no deberían olvidar traer un candado del amor para la barandilla del puente.

**Brücken in der Speicherstadt – zum Verlieben schön.**

Bridges in the Speicherstadt – pure romance.

**Les ponts de la Speicherstadt, véritables coups de cœur.**

Puentes de la Speicherstadt que enamoran.

**Kaiser Barbarossa thront auf der Brooksbrücke.**

Frederick I adorns the Brooksbrücke bridge.

**L'Empereur Barberousse, sur le pont de la Brooksbrücke.**

El káiser Barbarroja sobre el Brooksbrücke.

**Brücken eröffnen immer wieder neue Blickwinkel – Oberhafenbrücke und Jungfernbrücke (von oben).**

Bridges open up new perspectives – the Oberhafenbrücke and the Jungfernbrücke (bird's-eye view).

**Les ponts ouvrent de nouvelles perspectives – l'Oberhafenbrücke et la Jungfernbrücke (vue d'en haut).**

Los puentes siempre abren nuevas perspectivas: el Oberhafenbrücke y el Jungfernbrücke (desde arriba).

**Die Reiherstiegbrücke, die Überseebrücke und die
Elbbrücken repräsentieren funktionale Ästhetik.**
The Reiherstiegbrücke, Überseebrücke and Elbbrücken
bridges symbolise a utilitarian aesthetic.
**Les ponts de la Reiherstiegbrücke, de l'Überseebrücke ou
des Elbbrücken représentent une esthétique fonctionnelle.**
El Reiherstiegbrücke, el Überseebrücke y el
Elbbrücken representan la estética funcional.

**Die Alte Harburger Elbbrücke überquert seit 1899 die Süderelbe. Heute ist sie nur noch für Radfahrer und Fußgänger zugelassen.**

The Alte Harburger Elbbrücke was built across the Lower Elbe in 1899. It is now only open to cyclists and pedestrians.

**L'« Alte Harburger Elbbrücke » enjambe le bras septentrional de l'Elbe depuis 1899. Il n'est plus ouvert qu'aux vélos et aux piétons.**

El Alte Harburger Elbbrücke cruza el brazo sur del río Elba desde 1899. Hoy solo se permite el acceso a ciclistas y peatones.

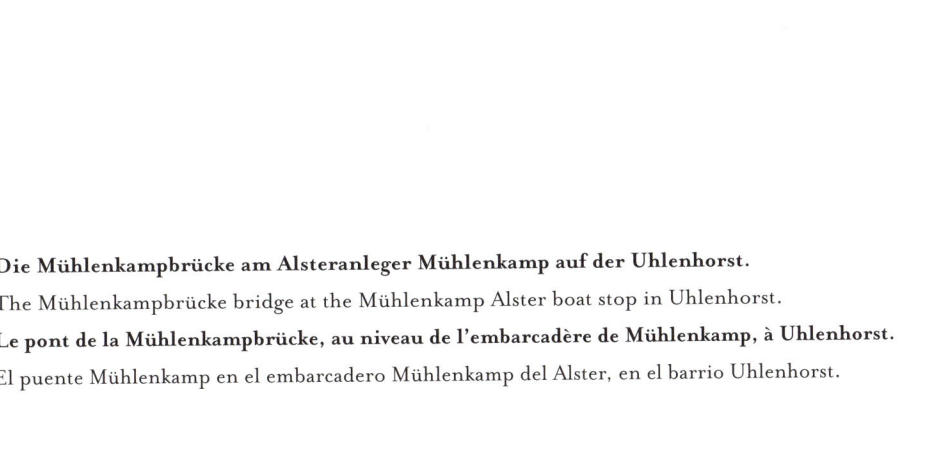

**Die Mühlenkampbrücke am Alsteranleger Mühlenkamp auf der Uhlenhorst.**
The Mühlenkampbrücke bridge at the Mühlenkamp Alster boat stop in Uhlenhorst.
**Le pont de la Mühlenkampbrücke, au niveau de l'embarcadère de Mühlenkamp, à Uhlenhorst.**
El puente Mühlenkamp en el embarcadero Mühlenkamp del Alster, en el barrio Uhlenhorst.

**Unter der Schwanenwikbrücke
mündet die Wandse in die Alster.**
The river Wandse flows into the Alster
beneath the Schwanenwikbrücke bridge.
**La Wandse se jette dans l'Alster au
niveau du pont de Schwanenwik.**
El Wandse desemboca en el Alster
bajo el puente Schwanenwik.

**Die Lombardsbrücke verbindet das
östliche mit dem westlichen Alsterufer.**
The Lombardsbrücke bridge connects the
eastern and western banks of the Alster.
**Le pont de la Lombardsbrücke relie les
rives orientale et occidentale de l'Alster.**
El Lombardsbrücke une las riberas este
y oeste del Alster.

**Die Binnenalster erhielt nach dem »Großen Brand« von 1842 ihre quadratische Form.**

The Inner Alster Lake was given its square form after the Great Fire of 1842.

**L'Alster intérieure est devenue carrée après le grand incendie de 1842.**

El Binnenalster recibió su forma cuadrada tras el gran incendio de 1842.

# wasser

water

eau

agua

Es gibt Witze, die kann man gar nicht oft genug hören: So erwähnt jeder Barkassenkapitän *immer* die drei großen Hamburger Gewässer – die Elbe, die Alster und ... den Regen. Tatsächlich gilt das Hamburger Wetter eher als feucht und nur bedingt als fröhlich. Zwar werden im Jahresdurchschnitt kaum mehr Regentage als in Süddeutschland gezählt, doch dafür sorgt das Seeklima häufig fürs sogenannte Schmuddelwetter, das die Stadt aus tief hängenden Wolken mit Sprühregen benetzt. Hamburger reagieren darauf mit einer – inflationär

einzige Grund, warum die Hamburger im Gegensatz zu den niederländischen Nachbarn in Amsterdam, wo etwa 2.500 dauerhaft bewohnte Hausboote in den Grachten liegen, nach wie vor auf den Boom warten. Denn Hausboote sind teuer, die Erschließungskosten sind teuer, die Folgekosten sind auch teuer, und Banken geben keinen Kredit auf ein Grundstück, das einem »Lieger nicht zugeordnet werden kann«.

Dann also wenigstens »Wohnen am Wasser«, neuerdings entlang der Elbe, Richtung

tel des Kontinents, und schließlich findet man sich nach gut elf Kilometern im südländisch anmutenden Treppenviertel von Blankenese wieder. Wer dieses ganz besondere Flair von Hamburg kennenlernen möchte, sollte dies am besten zu Fuß oder mit dem Fahrrad tun; auf dem Elbuferwander- und -höhenweg, der von der HafenCity bis nach Wittenbergen (19 Kilometer) führt. Nirgendwo sonst kann man die Schönheit der Stadt, die Urwüchsigkeit der Natur, aber auch die Wirtschaftskraft des Elbstroms besser spüren. Als bevorzugter Rastplatz bietet sich dabei die »Strandperle« an: Dort kann man prima im Sand liegen und mit einem kühlen Pils in der Hand haushohe Schiffe an sich vorüborgleiten lassen.

# alles im fluss

## WASSER

verwendeten – Standardantwort: »Es gibt kein falsches Wetter, es gibt nur die falsche Kleidung.« Und sollte die Wolkendecke mal aufreißen, öffnen sich an jeder Verkehrsampel sofort die Verdecke der Cabrios, ganz gleich zu welcher Jahreszeit.

Der Reiz Hamburgs ist seine Lage: Beinahe die gesamte Innenstadt hat eine Wasserseite. Neben Elbe und Alster durchziehen viele Kanäle und Fleete die Quartiere, auf denen, wie auf dem Eilbekkanal, inzwischen ein paar moderne Hausboote dümpeln. »Wohnen auf dem Wasser« hieß einst der Plan des Senats, der latenten Wohnungsknappheit an Land mit tideunabhängigen »Wassergrundstücken« zu begegnen. Platz, so dachte man damals, wäre reichlich vorhanden. Doch die betreffenden Bezirke hatten übersehen, dass die Hamburg Port Authority (HPA), die die größeren Hamburger Gewässer verwaltet, das Wohnen auf Liegern im Hafengebiet, in Industrie- und in Gewerbegebieten sowie an Kleingartengebieten nicht zulässt. Aber das war nicht der

Osten, wo mit der HafenCity ein neuer Stadtteil entsteht, der wie kein zweiter mit dem Wasser spielt. Davon, dass die Stadt ihre Lebensader wiederentdeckt hat, profitieren jetzt auch solche Quartiere, über die man lange Zeit die Nase rümpfte – Hammerbrook, Hamm-Süd und Rothenburgsort. Alles Stadtteile, die aus den über 140 Luftangriffen während des Zweiten Weltkriegs auf Hamburg als Totalschäden hervorgegangen waren, doch nun als »Perlenkette einer neuen Wohn- und Lebenskultur« endlich wiederauferstehen.

Westlich vom Hamburger Zentrum, bevor die Großstadt gen Nordsee sich in einer pittoresken Landschaft verliert, wusste man die Nähe zum Wasser dagegen schon länger zu schätzen: Nach der Großen Elbstraße, der neuen »Delikatessen-, Einkaufs- und Fressmeile«, und der langgezogenen Straße Neumühlen, inzwischen auch ein Kreativ-Spot der Hansestadt, schmiegt sich zunächst das idyllische Fischer- und Lotsendorf Övelgönne an den Elbhang, gefolgt vom größten Villenvier-

Lieblicher und (noch) romantischer präsentiert sich die zweite Wasserseite im Herzen der Stadt – die Alster, der 56 Kilometer lange Nebenfluss der Elbe, die schon seit dem Jahre 1190 zum See aufgestaut wird (sagen Sie niemals – wirklich niemals – »Teich«). Die Außenalster ist so etwas wie ein kombiniertes Freizeit- und Sportleistungszentrum für jedermann: Um das Wasser herum führt Hamburgs beliebteste Joggingstrecke, wobei unterwegs zahlreiche Gelegenheiten vorhanden sind, den körpereigenen Energiespeicher wieder aufzuladen. Den Platz auf dem Wasser teilen sich die Alsterdampfer mit Segelbooten, Kanus, Ruder- und Tretbooten und Stand-up-Paddlern. Und auch wenn sie auf den ersten Blick harmlos wirkt, birgt die Außenalster eine unheilvolle Gefahr. Gemeint sind die Alsterschwäne: Sie können kräftig zuschnappen, wenn man ihnen zu nahe kommt.

Some jokes never get old: barge captains *always* tell passengers about the three great bodies of water in Hamburg: the Elbe, the Alster and … the rain. It is certainly true that Hamburg's weather is on the damp side. Although the city only has a few more rainy days than southern Germany when you look at the annual averages, the maritime climate gives rise to what the locals call *Schmuddelwetter* ['mucky weather'], which sees drizzle descending from low-hanging clouds. Hamburg residents have a much-overused stock response: 'there's no such thing as bad weather, just the wrong clothes.' And as soon as there is a break in the clouds, you will see the roofs of convertibles being folded open at every set of traffic lights, whatever the season.

The charm of Hamburg lies in its location: wherever you are in the city centre, you are almost always on the waterfront. Alongside the Elbe and the Alster, a network of canals and tidal waterways also criss-cross the various quarters; on some of these waterways, such as the Eilbekkanal, you can even spot a few modern houseboats. 'Living on the water' was the name of a plan once published by the Senate that sought to combat a looming housing shortage by means of tide-independent 'aquatic plots'. It was thought that there would be ample space. However, the boroughs concerned had forgotten that the Hamburg Port Authority (HPA) – which manages the city's larger bodies of water – prohibits residential houseboats on berths in the port area and in industrial/commercial zones, as well as the residential use of allotments. But this is not the only reason why Hamburg is still waiting for houseboats to take off, unlike in Amsterdam, where there are some 2,500 permanently occupied houseboats moored in the canals. After all, houseboats are expensive, the infrastructure costs are expensive and the follow-up costs are expensive – and experience shows that banks do not grant mortgages in cases where the berth cannot be allocated to a specific plot.

At least there is now 'living by the water' heading eastwards along the river Elbe, where the new HafenCity district boasts a unique interplay with the water. The fact that the city has rediscovered its lifeblood is also benefiting districts at which people long used to turn their noses up – Hammerbrook, Hamm-Süd and Rothenburgsort. All these districts were almost completely wiped out by the more than 140 air raids on Hamburg during World War

# in flux

## WATER

II, but are now finally returning to glory as jewels in the crown of a new urban lifestyle.

West of central Hamburg, before the big city peters out into a picturesque landscape, people have valued the proximity to water for much longer: once you pass Grosse Elbstrasse, a new haven for delis and fine eateries, and a long street called Neumühlen, which is now one of Hamburg's creative hotspots, you will see the idyllic fishing and seamen's village of Övelgönne hugging the slopes on the riverbank. This is followed by Europe's largest exclusive residential area and, about 11 kilometres downstream from Grosse Elbstrasse, the Treppenviertel quarter of Blankenese, which oozes Mediterranean flair. Anyone looking to soak up the unique charm of this part of Hamburg can easily do so on foot or by bike, simply by following the riverbank hiking trail that runs from the HafenCity to Wittenbergen (19 kilometres). There is nowhere better to experience the beauty of the city and its unspoilt nature, but also the economic power of the Elbe. A great place to stop for a break is the Strandperle, where you can relax on the sandy beach with a cool beer in your hand as you watch colossal ships glide by.

The second main waterscape in the heart of the city – the Alster – is more genteel and (even) more romantic. The river Alster, a 56-kilometre-long tributary of the Elbe, was first dammed to form a lake (please never – and we mean never – say 'pond') back in 1190. The Outer Alster serves as a combined recreational and sporting paradise for all: the paths around the lake are Hamburg's most popular jogging route, and there are plenty of places to have a rest and a snack by the lake. Out on the water, Alster steamers can be seen alongside sailing boats, canoes, rowing boats, pedalos and stand-up paddleboarders. And harmless though they may seem, sinister creatures lurk around the Outer Alster: the local swans. They can inflict a nasty bite if you get too close.

Il y a des plaisanteries dont on ne se lasse jamais et c'est ainsi que les capitaines des barcasses hambourgeoises expliquent *toujours* qu'il y a trois sources d'eau à Hambourg : l'Elbe, l'Alster... et la pluie ! Il est vrai que la météo hambourgeoise n'est pas forcément des plus clémentes. Bien que la ville hanséatique compte à peine plus de journées de pluie que le Sud de l'Allemagne, le climat maritime est souvent synonyme d'un « temps de cochon » caractérisé par des nuages bas et un crachin. Les Hambourgeois ont une réponse toute faite (et dont ils usent abondamment) : « Il n'y a pas de mauvais temps, il n'y a que des vêtements inadaptés. » Et si la couverture nuageuse se dégage, les cabriolets se décapotent immédiatement à chaque feu rouge, quelle que soit la saison.

Hambourg tire tout son charme de sa situation géographique : presque tout le centre-ville est au bord de l'eau. Outre l'Elbe et l'Alster, de nombreux canaux traversent les différents quartiers. Certains d'entre eux, comme

tuaires, industrielles ou artisanales ainsi que dans les jardins familiaux. Mais ce n'est pas la seule raison qui explique que ces constructions ne se sont pas encore imposées, comparé à ce qui se fait chez nos voisins néerlandais d'Amsterdam, où il y a environ 2 000 maisons-bateaux servant de résidence principale sur les canaux. C'est que les maisons-bateaux coûtent cher, leur raccordement au réseau a un certain prix, tout comme leurs frais consécutifs. De plus, les banques ne proposent pas de crédits pour les terrains ne pouvant être associés à un emplacement précis.

À défaut de vivre *sur* l'eau, on a donc décidé de s'installer *au bord* de l'eau, comme c'est le cas plus récemment vers l'est, le long de l'Elbe, où naît la HafenCity, ce nouveau quartier qui joue de manière unique avec l'eau. La redécouverte de cette artère vitale profite actuellement à des quartiers longtemps dénigrés, tels que Hammerbrook, Hamm-Sud et Rothenburgsort, autant de secteurs entièrement détruits par les bombardements aériens de la Seconde Guerre

pêcheurs et de pilotes d'Övelgönne est niché en contrebas du versant des bords de l'Elbe. Il laisse ensuite place au plus grand quartier résidentiel du continent et, onze kilomètres plus loin, au « quartier des escaliers », le « Treppenviertel » de Blankenese, aux allures méditerranéennes. Pour s'imprégner de ce charme particulier de la ville hanséatique, mieux vaut se déplacer à pied ou à vélo le long du sentier de Elbuferwanderweg et de Elbhöhenweg menant de la HafenCity à Wittenbergen (19 km). Il n'y a pas meilleur lieu pour savourer la beauté de la ville, le caractère sauvage de la nature, mais aussi la force économique de l'Elbe. Vous avez besoin d'une pause ? Rien de mieux que la « Strandperle », où l'on peut regarder passer les immenses navires, assis(e) dans le sable avec une bière fraîche à la main.

Pour plus de douceur et (encore) plus de romantisme, on se tournera vers l'autre grande source d'eau au cœur de la ville, l'Alster. Ce lac (ne le qualifiez jamais, mais vraiment jamais d'« étang » !) a été créé en 1190 à partir d'un affluant de l'Elbe par un dispositif de retenue. L'Alster extérieure (ou « Außenalster », en allemand) mêle le concept de centre de loisirs et de terrain de sports de haut niveau ouvert au public : en effet, le lac est entouré du parcours de jogging le plus prisé de Hambourg et offre de nombreuses possibilités de « refaire le plein d'énergie » en chemin. Sur l'eau, les bateaux à vapeur côtoient les voiliers, les canoës, les bateaux à rames, les pédalos et les stand-ups. Et si l'Alster extérieure a l'air on ne peut plus sûre, il ne faut pas ignorer un funeste danger qui s'y dissimule : ses cygnes ! Gare aux morsures quand on s'approche trop près...

# au fil de l'eau

## EAU

celui de l'Eilbekkanal, accueillent désormais quelques maisons-bateaux modernes. « Vivre sur l'eau » : tel était jadis la stratégie du gouvernement local, qui comptait contrecarrer la pénurie latente de logements sur terre en proposant des « emplacements sur l'eau » à des endroits libres de marées. À l'époque, on se disait que l'espace ne manquait pas. Mais c'était oublier que les autorités portuaires, Hamburg Port Authority (HPA), qui gèrent les grands plans et cours d'eau hambourgeois, interdisent toute habitation flottante dans les zones por-

mondiale et qui renaissent enfin petit à petit sous l'effet de l'art de vivre et du mode de vie contemporains.

À l'ouest du centre-ville, avant que la ville ne se perde dans un paysage pittoresque en direction de la mer du Nord, cela fait longtemps que l'on a su exploiter la proximité de l'eau : après la rue Große Elbstraße, la nouvelle avenue des produits fins, du shopping et de la gastronomie, et la longue rue Neumühlen, qui est désormais l'un des repères des créatifs hambourgeois, le charmant ancien village de

Hay chistes que se repiten una y otra vez: no hay capitán que no cite *siempre* así las tres grandes zonas de agua de Hamburgo: el Elba, el Alster y... la lluvia. Efectivamente, el tiempo en Hamburgo se considera más bien húmedo y solo ocasionalmente se puede hablar de «buen tiempo». Aunque de media anual apenas hay más días lluviosos que en el sur de Alemania, el clima marítimo causa a menudo el llamado *Schmuddelwetter* (tiempo «incómodo»), caracterizado por nubes bajas que calan la ciudad con llovizna. Los hamburgueses reaccionan a esto con una respuesta estándar (que utilizan de manera exagerada): «No existe el mal tiempo, solo la ropa inadecuada». Y en cuanto se disipa la capa de nubes, los descapotables se abren en todos los semáforos y en cualquier época del año.

El encanto de Hamburgo es su ubicación: casi todo el centro urbano limita con el agua. Además del Elba y el Alster, otros muchos canales atraviesan los barrios en los que, como en el Eilbekkanal, varias casas flotantes se bambolean. «Vivir en el agua» fue el nombre que en su día se le dio al plan del gobierno local para contrarrestar la escasez de viviendas en el estado federal con «terrenos acuáticos» independientes de la marea. Entonces se creía que ese espacio disponible sería más que suficiente. Sin embargo, los barrios afectados pasaron por alto que la Hamburg Port Authority (HPA), que gestiona las grandes superficies de agua de Hamburgo, no autoriza el atraque de viviendas ni en la zona portuaria ni en las áreas industriales y de negocios ni tampoco en huertos familiares. Por otro lado, esta no fue la única razón por la cual los hamburgueses, a diferencia de sus vecinos neerlandeses de Ámsterdam, donde en los canales se encuentran aproximadamente 2500 casas flotantes habitadas de manera permanente, siguen esperando el boom. La cuestión es que las casas flotantes son caras, los costes de urbanización son caros, los costes consecutivos son caros y los bancos no dan ningún crédito para un terreno que «no se pueda asociar a un atraque».

Al menos, desde hace poco queda la opción de «vivir en el agua» siguiendo el Elba en dirección al este, donde, con el HafenCity, se construye un nuevo barrio que juega con el agua como ningún otro. El hecho de que la ciudad haya redescubierto su arteria vital ahora beneficia también a aquellos barrios a los que durante mucho tiempo se miró con desprecio: Hammerbrook, Hamm-Süd y Rothenburgsort. Son todos barrios de Hamburgo que

# todo sigue su curso

## AGUA

resultaron completamente destruidos en los más de 140 ataques aéreos durante la Segunda Guerra Mundial y que ahora, por fin, resurgen «uno tras otro dentro de una nueva cultura habitacional y de vida».

Al oeste del centro de Hamburgo, por el contrario, antes de que la gran ciudad se perdiera en dirección al mar del Norte en un paisaje pintoresco, la proximidad al agua se sabía apreciar desde mucho tiempo atrás. Después de la Großen Elbstraße, la nueva milla de exquisiteces, tiendas y restaurantes, y la larga calle Neumühlen, ahora también un lugar creativo de la ciudad hanseática, se añade en primer lugar Övelgönne, el idílico barrio pesquero situado a orillas del Elba, seguido del mayor barrio residencial de lujo del continente, y finalmente, después de poco más de once kilómetros, uno se vuelve a encontrar en el impresionante y meridional barrio Treppenviertel de Blankenese. Para conocer este ambiente tan especial de Hamburgo, lo mejor es hacerlo a pie o en bicicleta por el sendero Elbuferwanderweg y Elbuferhöhenweg, que transcurre desde la HafenCity hasta Wittenbergen (19 kilómetros).

En ningún otro sitio se puede apreciar mejor la belleza de la ciudad, la rusticidad de la naturaleza y, al mismo tiempo, el poder económico del río Elba. El restaurante Strandperle se ofrece como lugar de descanso privilegiado: allí uno puede tumbarse en la arena y, con una cerveza fresquita en la mano, dejar que barcos del tamaño de edificios pasen por delante.

El segundo frente acuático en el corazón de la ciudad se presenta más dulce y (aún) más romántico: es el Alster, el afluente del Elba de 56 kilómetros, que ya por el 1190 se represó en forma de lago (nunca, nunca jamás ha de referirse a él como «estanque»). El Außenalster es algo así como una combinación de centro deportivo y de ocio para todo el mundo: alrededor del agua transcurre la ruta de footing más popular de Hamburgo, a pesar de que por el camino se presenten numerosas ocasiones para que el cuerpo pueda volver a almacenar calorías. Los buques a vapor del Alster comparten el espacio en el agua con veleros, canoas, botes de remos, hidropedales y tablas de paddle surf. A pesar de que parezca inofensivo a primera vista, el Außenalster esconde un peligro siniestro. Son nada más y nada menos que los cisnes del Alster: pueden pegar un buen mordisco si alguien se les acerca mucho.

**Der monumentale Stuhlmannbrunnen (1900) steht
seit der Jahrtausendwende auf dem Platz der Republik.**
The monumental Stuhlmannbrunnen fountain
(1900) has stood on Platz der Republik since 2000.
**La monumentale fontaine de Stuhlmann (1900) trône
sur la Platz der Republik depuis le début du XX$^e$ siècle.**
La monumental fuente Stuhlmannbrunnen (1900) está
situada en la Platz der Republik desde el cambio de milenio.

**Flanieren am Ballindamm, benannt nach dem Reeder Albert Ballin.**
Taking a stroll on Ballindamm, named after shipping magnate Albert Ballin.
**Promenade le long du Ballindam, qui porte le nom de l'armateur Albert Ballin.**
Paseando por el muelle Ballindamm, llamado así en honor al naviero Albert Ballin.

**Die Alsterfontäne steigt bis zu 60 Meter hoch – je nach Windstärke.**

The Alster Fountain rises up to 60 metres, depending on wind speed.

**Le jet d'eau de l'Alster s'élève jusqu'à 60 mètres de hauteur, en fonction du vent.**

La fuente del Alster alcanza hasta 60 metros de altura según la fuerza del viento.

**Frühes Kommen sichert die besten Plätze zur Happy Hour auf den östlichen Alsterwiesen.**

Arrive early to get a good spot on the eastern banks of the Outer Alster in good weather.

**Il vaut la peine de venir tôt à l'heure de l'apéro sur les pelouses des rives est de l'Alster.**

Para encontrar buen sitio, hay que llegar pronto para la *Happy Hour* en los prados del este del Alster.

**Zu Fuß über die Alster – das ist erst ab
20 Zentimetern Eisdicke offiziell erlaubt.**
Skating over the Outer Alster is not permitted
until the ice is at least 20 cm thick.
**Traverser l'Alster à pied : une possibilité officiellement
autorisée à partir de 20 centimètres d'épaisseur.**
Oficialmente está permitido caminar sobre el Alster cuando
la capa de hielo supera los 20 centímetros de grosor.

**Stand-up-Paddeln ist in Hamburg Volkssport.**
Stand-up paddleboarding is a popular pastime in Hamburg.
**Le paddle est un sport très prisé à Hambourg.**
El paddle surf es un deporte popular en Hamburgo.

**Die Alster gilt als anspruchsvolles Segelrevier.**

The Alster is known as a demanding sailing area.

**L'Alster, une zone de voile délicate.**

El Alster está considerado como una zona de vela de alto nivel.

**Die zahlreichen Cafés um die Außenalster sind Beachclubs – nur ohne Sand.**

The many cafes dotted around the Outer Alster are like beach bars – just without the sand.

**Les nombreux cafés des bords de l'Alster extérieure sont comme des beach clubs…**
**mais sans le sable.**

Las numerosas cafeterías alrededor del Außenalster son *beachclubs*, pero sin arena.

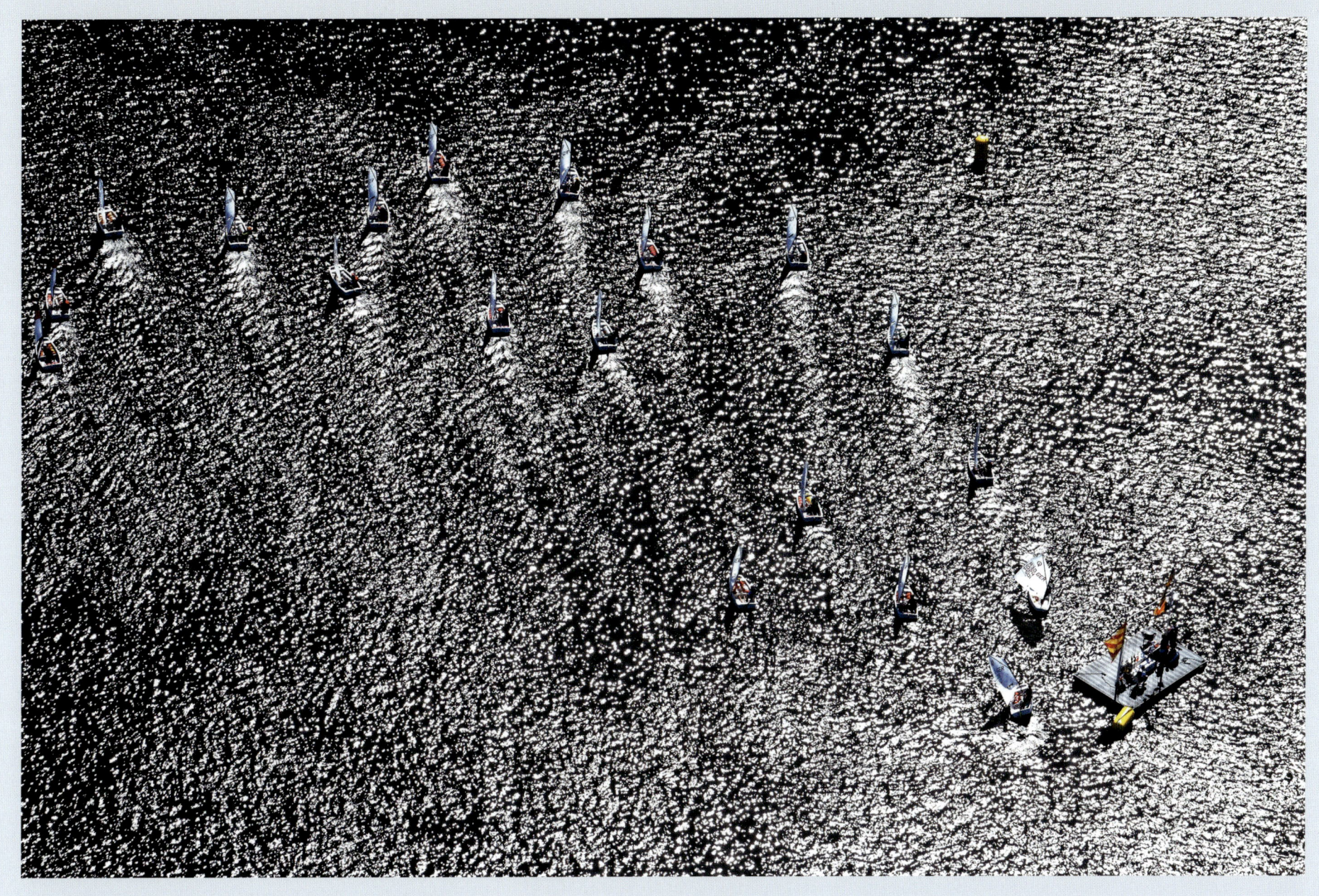

**Optimisten-Regatta – Wettfahrt der Kleinsten.**

The smallest boats do battle at an Optimist regatta.

**Régate d'optimistes – une course de bateaux version XS.**

Regata de los optimistas: la carrera de los más pequeños.

**Die Alster ist eben das, was Hamburg so unvergleichlich macht.**

The Alster is what makes Hamburg beyond compare.

**L'Alster est ce qui fait tout le charme incomparable de Hambourg.**

El Alster es lo que hace que Hamburgo sea tan incomparable.

**Die Galerie der Gegenwart, vom Neuen Jungfernstieg aus.**

The Gallery of Contemporary Art, as seen from Neue Jungfernstieg.

**Le musée d'art moderne, la « Galerie der Gegenwart », vu du Neuer Jungfernstieg.**

La Galerie der Gegenwart vista desde la calle Neue Jungfernstieg.

**1984 wurde die Linienschifffahrt auf der Alster eingestellt – heute schippern vor allem Touristen auf den »Alsterdampfern«.**

Regular shipping services on the Alster were discontinued in 1984. Nowadays, tourists see the sights from 'Alster steamers'.

**Les lignes régulières de l'Alster ont été supprimées en 1984 – aujourd'hui, ce sont surtout les touristes que transportent les bateaux à vapeur.**

En 1984 se suspendió el servicio regular marítimo en el Alster; hoy son los turistas sobre todo quienes navegan en los barcos del Alster.

**Schwimmende Reihenhäuser in Hammerbrook am »Berliner Bogen«.**
Floating terraced houses near the Berliner Bogen complex in Hammerbrook.
**Maisons mitoyennes flottantes à Hammerbrook, près de l'« arche de Berlin ».**
Casas adosadas flotantes en Hammerbrook, junto al edificio de oficinas Berliner Bogen.

**Die Bille ist das Lieblingsrevier
Hamburger Freizeitkapitäne.**
The river Bille is popular
with Hamburg's boaters.
**La Bille est le terrain de
jeu préféré des plaisanciers.**
El afluente Bille es el dominio de los
capitanes hamburgueses aficionados.

**Yachten im tideunabhängigen
Harburger Binnenhafen.**
Yachts at the non-tidal Harburger
Binnenhafen (Harburg inland port).
**Bateaux de plaisance dans le port fluvial
de Harburg, non soumis aux marées.**
Yates protegidos de la marea en
el puerto fluvial de Harburg.

**Das Gästehaus des Hamburger Senats am Feenteich ist ausschließlich Staatsgästen vorbehalten.**

The guest house of the Hamburg Senate is reserved solely for guests of state.

**La résidence du gouvernement de Hambourg, au bord de l'étang du Feeteich, est réservée aux invités officiels.**

La residencia de invitados del Senado de Hamburgo junto al lago Feenteich está reservada exclusivamente para visitas de Estado.

# wohnen

living

habiter

vivir

Touristen bewundern Hamburg für sein Alsterufer und die einheitlich klassizistische Bebauung in Harvestehude und Winterhude. Das verdankt die Stadt einer Verordnung, die auf das 19. Jahrhundert zurückgeht: Das Alsterufer soll nicht verbaut werden. 1950 hatte jedoch der damalige Erste Bürgermeister Max Brauer den Mut, dieses Gesetz konsequent anzuwenden und zu erweitern: Die Besitzer der privaten Gärten, die sich dort während

# in der großstadt zu hause

WOHNEN

des Zweiten Weltkrieges ausgebreitet hatten, wurden enteignet – und für die Internationale Gartenbauausstellung 1953 wurde dann das gesamte Alsterufer als Parklandschaft allen Hamburgern zugänglich gemacht.

Die Stadt achtete schon immer genau darauf, dass nicht jeder mit seinem Grund und Boden machen kann, was er will. Bis heute besitzt sie auf alle Grundstücke ein Vorkaufsrecht. Für Notare ist es Routine, im Falle eines Grundstücksverkaufs bei den jeweils zuständigen Bezirksämtern nachzufragen, ob die Stadt dieses Recht auch ausüben will, *bevor* ein Kaufvertrag geschlossen wird. Andernfalls könnte die Stadt in den geplanten Kauf hineingrätschen und das Enteignungsrecht anwenden, was in den vergangenen Jahren jedoch nur sehr selten geschehen ist. Eine vorausschauende Stadtentwicklung erfordert manchmal unpopuläre Maßnahmen.

Bis zum Großen Brand von 1842 war Hamburg eher eine mittelalterliche Stadt. In den engen Gassen, die von hohen Fachwerkhäusern gesäumt waren, stank es nach menschlichen Fäkalien und tierischen Exkrementen.

Die hygienischen Verhältnisse in diesen Gängevierteln waren katastrophal, und so brachen im 19. Jahrhundert gleich mehrere Choleraepidemien aus. Doch nach dem Großen Brand nahmen die Verantwortlichen die Chance wahr, aus den Ruinen eine moderne Großstadt mit einer für die damalige Zeit revolutionären Infrastruktur zu errichten, wozu vor allem eine bessere Wasserversorgung und Abwasserentsorgung gehörte. Die Entscheidung, gleich noch eine Wasserfilteranlage zu bauen, wurde jedoch vom sparsamen Senat viel zu lange hinausgezögert; 50 Jahre lang, um genau zu sein, bis die Choleraepidemie von 1892 8.605 Hamburger dahinraffte.

Zu dieser Zeit war die industrielle Revolution in vollem Gange. Die Bevölkerungszahlen explodierten geradezu, da es in Hamburgs neuen Industriebetrieben im Hafen reichlich Arbeit gab. Doch wo sollten die Menschen wohnen, da jetzt auch die letzten Gängeviertel abgerissen wurden, die Innenstadt den Kontor- und Geschäftshäusern vorbehalten war und überdies weitere 20.000 Menschen ihre Wohnungen verloren, weil ab 1880 die gigantische Speicherstadt gebaut wurde? Die Lösung waren die ersten Mietskasernen, die man in der dörflichen Umgebung hochzog. So wurde beispielsweise aus Barmbek ein Arbeiterviertel, Hamm-Nord und Hamm-Süd sowie Hammerbrook waren beliebt beim bürgerlichen Mittelstand und aus einem der kleinsten Stadtteile Hamburgs, Eimsbüttel, entwickelte sich schnell ein dicht besiedeltes Quartier. Jenseits der Gärtnerstraße, in Hoheluft, wurden

schließlich ebenfalls die letzten noch vorhandenen Viehweiden bebaut.

Von der Zwangsumsiedlung aus der Speicherstadt waren jedoch auch zahlreiche wohlhabende Kaufmannsfamilien betroffen: Der Holländische Brook und der Alte Wandrahm zählten zu den vornehmsten Straßen der Hansestadt. So entstand in wenigen Jahren das bis heute größte Villenviertel Europas im Wes-ten der Stadt.

Diese rasante Stadtentwicklung war das Startsignal für den öffentlichen Personennahverkehr. Denn je mehr die Stadt sich nun ausbreitete, desto länger wurde für ihre Bewohner der Weg zur Arbeit.

Ab 1866 gab es die PEG – die Pferde-Eisenbahn-Gesellschaft –, die zunächst regelmäßig zwischen Wandsbek und dem Hamburger Rathaus verkehrte. Schon bald wurden günstige Sammel- und Abonnementskarten ausgegeben. Ab 1878 fuhr erstmals die Hamburg-Altonaer Pferdebahn durch den Großen Burstah, der Rödingsmarkt und der Rathausmarkt entwickelten sich zu den bedeutendsten Verkehrsknotenpunkten. 1890 waren insgesamt 3.600 Pferde für die Straßenbahnwagen im Einsatz – im Schichtdienst. 1895 begann dann die Elektrifizierung, und die dunkelgrün lackierten Wagen der SEG – der Straßen-Eisenbahn-Gesellschaft – prägten das Straßenbild. Durch den Großen Burstah quälten sich um 1900 rund 70 Straßenbahnzüge pro Stunde, und das blieb auch so, als 1912 die erste Hochbahnstrecke – die »Ringlinie«, die heutige U 3 – eröffnet wurde. Selbst als 1978 die letzte Hamburger Straßenbahn für immer in ihr Depot fuhr – was viele Hamburger bis heute nicht verstehen –, beruhigte sich dort die Verkehrslage nicht. Denn jetzt fuhren die Busse.

Tourists admire Hamburg for its Alster waterfront and the harmonious neoclassical architecture found in Harvestehude and Winterhude. This is thanks to a directive from the 19th century, prohibiting construction on the banks of the Alster. In 1950, the then First Mayor, Max Brauer, had the courage to systematically apply and extend this legislation: the owners of the private gardens, which had expanded during World War II, were dispossessed. To mark the 1953 International Garden Festival, the banks of the Alster were then made available to all the city's residents in the form of a park.

The city has always been careful to stop people from doing exactly as they please with their land and property. To this day, it still has a right of first refusal on all plots. Whenever plots are sold, it is standard practice for notaries to enquire with the relevant district authorities, *before* a purchase agreement is signed, as to whether the city wishes to exercise this right. Otherwise, the city could muscle in on the planned purchase and exercise its right of expropriation, although this has been a very rare occurrence over the years. Far-sighted urban planning sometimes requires unpopular decisions.

Until the Great Fire of 1842, Hamburg had a distinctly medieval character. The narrow alleyways, which were lined with high half-timbered houses, stank of human faeces and animal excrement. The levels of hygiene in these labyrinthine districts (known locally as *Gängeviertel*) were catastrophic, resulting in multiple cholera epidemics in the 19th century. In the wake of the Great Fire, however, civic leaders seized the opportunity to build a modern-day large city with an infrastructure that was revolutionary in its day; key elements of this were the improved water supply and sewerage systems. The decision to combine this with a water filtration system was put off for far too long – 50 years, to be precise – by the stingy Senate; by the time it was built, 8,605 Hamburg residents had perished in the cholera epidemic of 1892.

At this time, the Industrial Revolution was in full swing. The size of the population was mushrooming, as there was plenty of work to be found in Hamburg's new industrial enterprises in the port. But given that the last-remaining *Gängeviertel* had been demolished, given that the city centre was reserved for commercial premises and given that a further 20,000 people had lost their homes to make way for the construction of the gigantic Speicherstadt from 1880 onwards, where were all these people supposed to live? The solution came in the form of the first tenements to be built in what were previously fairly rural areas.

# at home in the city

## LIVING

Barmbek, for example, became a working-class area, whereas Hamm-Nord, Hamm-Süd and Hammerbrook became popular with the middle classes. Eimsbüttel, one of the city's smallest areas, soon grew very densely populated. Properties were even built on the last-remaining pastoral meadows, situated behind Gärtnerstrasse in Hoheluft.

However, numerous wealthy merchant families were also affected by forced relocation to make way for the Speicherstadt, with Holländische Brook and Alte Wandrahm amongst the most exclusive streets in Hamburg. As a result, what is still Europe's largest exclusive residential area sprung up on the west side of the city in just a few short years.

This rapid urban expansion heralded the development of the city's public transport network. After all, the more the city spread outwards, the longer its citizens needed to get to work.

A horse-drawn tram company called PEG was established in 1866, initially offering regular services between Wandsbek and Hamburg Town Hall. It soon started offering cheap multi and season tickets. In 1878, the first Hamburg–Altona horse-drawn tram made its way along Grosser Burstah, with Rödingsmarkt and Rathausmarkt squares becoming the main interchanges. In 1890, some 3,600 horses were used to pull the city's trams, working in shifts. Electrification got under way in 1895, and the dark-green carriages of transport company SEG's trams soon became a common sight on the city's streets. In around 1900, some 70 trams an hour struggled along Grosser Burstah, a situation that persisted until the first overhead railway line (the 'circle line', now known as the U3 line) was opened in 1912. Even when the last-remaining Hamburg tram was permanently consigned to the depot in 1978 – a decision that many locals still find hard to understand – there was no easing of the traffic situation. That's because buses started running instead.

Si les touristes aiment autant Hambourg, c'est entre autres pour ses bords de l'Alster et le style classiciste et homogène des quartiers de Harvestehude et de Winterhude. Cet aménagement, la ville le doit à un arrêté du XIXᵉ siècle qui interdisait toute construction sur ses rives. Cependant, c'est Max Brauer, le Premier maire en 1950, qui a été le premier à avoir le courage de faire systématiquement appliquer la loi et même de l'étendre. Ainsi, les propriétaires des jardins privés qui avaient gagné du terrain pendant la Seconde Guerre mondiale ont été expropriés. L'ensemble des bords de l'Alster a été ouvert au public sous forme de parc à l'occasion du Festival international des jardins de 1953.

La ville a toujours prêté une grande attention à ce que n'importe qui ne puisse pas faire n'importe quoi avec sa propriété foncière. Aujourd'hui encore, Hambourg a un droit de préemption sur tous les terrains. En cas de vente, les notaires ont l'habitude de demander à la mairie d'arrondissement si la ville entend exercer ce droit *avant* que ne soit signé tout contrat. Sinon, la ville pourrait user de l'expropriation pour faire échouer la vente prévue, ce qui ne s'est que très rarement produit ces

# une métropole accueillante

## HABITER

dernières années. Un aménagement urbain proactif exige parfois des mesures impopulaires.

Jusqu'au grand incendie de 1842, Hamburg était plutôt une ville médiévale. Ses étroites ruelles bordées de hautes maisons à colombages sentaient les excréments humains et animaux. Les conditions d'hygiène dans ces quartiers exigus étaient catastrophiques et c'est ainsi que plusieurs épidémies de choléra se sont abattues sur la ville au XIXᵉ siècle. Cependant, au lendemain de l'incendie dévastateur, les responsables ont saisi leur chance de faire de ces ruines une grande ville moderne et de mettre en place une infrastructure révolutionnaire à l'époque comprenant avant tout un système d'alimentation en eau et de gestion des eaux usées plus efficace. Cependant, le gouvernement local de l'époque a repoussé bien trop longtemps la décision d'y ajouter un dispositif de filtrage de l'eau, et ce, par économie. Ce délai aura duré 50 ans, pour être précis, jusqu'à ce que l'épidémie de choléra de 1892 n'emporte 8 605 Hambourgeois.

On est alors en pleine Révolution industrielle : la population croît à une vitesse folle, les nouvelles zones industrielles du port de Hambourg offrant de nombreux emplois. Mais où héberger toutes ces personnes ? Les vieux quartiers avec leurs labyrinthes de ruelles venaient d'être détruits, le centre-ville était réservé aux comptoirs et aux immeubles commerciaux et 20 000 personnes supplémentaires avaient perdu leur logement suite à la construction de la gigantesque Speicherstadt à partir de 1880... La réponse : les premiers « HLM » de l'époque, qu'on érigea dans les faubourgs ruraux. C'est ainsi que Barmbek devint un « quartier d'ouvriers » ; Hamm-Nord et Hamm-Sud, ainsi que Hammerbrook avaient à l'époque la faveur de la classe moyenne bourgeoise et Eimsbüttel se peupla densément malgré sa très petite taille. De l'autre côté de la rue Gärtnerstraße, à Hoheluft, on finit aussi par construire sur les derniers pâturages existants.

Cependant, de nombreuses familles marchandes aisées furent elles aussi concernées par les déplacements forcés d'anciens résidents de la Speicherstadt. Les rues Holländischer Brook et Alter Wandrahm comptaient en effet parmi les plus cossues de la ville. C'est ainsi qu'apparut en quelques années seulement l'un des plus grands quartiers résidentiels d'Europe dans l'Ouest de la ville.

Ce développement urbain effréné marqua aussi le début des transports en commun. C'est que plus la ville s'étendait, plus les habitants avaient de chemin à parcourir pour aller travailler.

À partir de 1866, la Pferde-Eisenbahn-Gesellschaft (PEG), la « Société ferroviaire hippomobile », proposa la première ligne régulière entre Wandsbek et l'hôtel de ville de Hambourg. On commença bientôt à distribuer des carnets de tickets et des abonnements à bas prix. À partir de 1878, une société du même type, la « Hamburg-Altonaer Pferdebahn », parcourait la rue Großer Burstah ; la rue Rödingsmarkt et la place de l'hôtel de ville devinrent alors les grands carrefours de ce système de transport. En 1890, les trams faisaient appel à 3 600 chevaux en service continu. L'électrification débuta en 1895 et les voitures vert foncé de la société ferroviaire SEG (Straßen-Eisenbahngesellschaft) étaient alors un élément omniprésent dans les rues. Vers 1900, quelque 70 trams par heure se traînaient le long de la rue Großer Burstah. Rien ne changea jusqu'en 1912, lorsqu'on inaugura la première ligne aérienne, la « ligne circulaire » (connue aujourd'hui sous le nom de U3). Et même lorsque le dernier tram hambourgeois rejoint à jamais son dépôt en 1978, chose encore impossible à comprendre pour beaucoup de Hambourgeois, la circulation ne s'apaisa pas : les bus étaient arrivés.

Los turistas admiran Hamburgo por su ribera del Alster y por la uniforme edificación clasicista en Harvestehude y Winterhude. Esto se lo debe la ciudad a una ordenanza que se remonta al s. XIX: no se puede construir en la ribera del Alster. Sin embargo, en 1950, el entonces alcalde Max Bauer se atrevió a aplicar y ampliar esta ley de manera consecuente: los propietarios de los huertos privados que se habían extendido allí durante la Segunda Guerra Mundial fueron expropiados. Además, para la Exposición Internacional de Jardinería de 1953, toda la ribera del Alster se convirtió en un parque al que podían acceder todos los hamburgueses.

La ciudad siempre ha prestado mucha atención a que no todo el mundo pueda hacer lo que quiera con sus terrenos. A día de hoy, tiene derecho preferencial de compra sobre todos los terrenos. Cuando se presenta un caso de venta de terrenos, forma parte de la rutina de los notarios preguntar a las autoridades territoriales si la ciudad desea también ejercer este derecho preferencial *antes* de que se cierre un contrato de compraventa. De no ser así, la ciudad podría entrometerse en el plan de compra y aplicar el derecho de expropiación, hecho que, sin embargo, solo ha ocurrido en escasas ocasiones en los últimos años. Un desarrollo urbano con visión de futuro requiere a veces medidas impopulares.

Hasta el gran incendio de 1842, Hamburgo era más bien una ciudad medieval. En las estrechas callejuelas flanqueadas por altas casas de paredes entramadas apestaba a excrementos humanos y de animales. Las condiciones higiénicas en este barrio de callejones eran catastróficas y contribuyeron a que en el s. XIX se declararan varias epidemias de cólera. No obstante, tras el gran incendio, las autoridades responsables aprovecharon la ocasión para levantar sobre las ruinas una ciudad moderna con una infraestructura revolucionaria para la época, que incluía, sobre todo, un mejor sistema de abastecimiento de agua y de evacuación de aguas residuales. Sin embargo, el ahorrador gobierno local aplazó la decisión de construir

a la vez un sistema de depuración de aguas, 50 años para ser exactos, hasta que la epidemia de cólera de 1892 acabó con la vida de 8605 hamburgueses.

En ese momento, la revolución industrial se encontraba en pleno apogeo. Las cifras de población se dispararon, pues en las nuevas empresas industriales del puerto de Hamburgo había trabajo de sobra. Pero ¿dónde viviría la gente ahora que los últimos barrios de callejuelas también habían sido demolidos, el cen-

# en casa en
# la gran ciudad

VIVIR

tro urbano estaba reservado a los edificios de oficinas y de negocios y, aparte de esto, otras 20000 personas perdieron sus viviendas por la construcción de la colosal Speicherstadt a partir de 1880? La solución fueron los primeros bloques de pisos de alquiler que se levantaron en los entornos rurales. De este modo, por ejemplo, Barmbek se convirtió en un «barrio obrero», Hamm-Nord, Hamm-Süd y Hammerbrook se hicieron populares entre la clase media burguesa y de uno de los barrios más pequeños de Hamburgo, Eimsbüttel, se desarrolló rápidamente un distrito densamente poblado. Por último, más allá de la Gärtnerstraße, en Hoheluft, se construyó en los últimos campos de pastoreo que aún quedaban.

La reubicación forzosa de la Speicherstadt, no obstante, también afectó a numerosas familias de comerciantes adineradas: la Holländische Brook y la Alte Wandrahm formaban parte de las calles más distinguidas de la ciudad hanseática. Así, en pocos años, se creó al oeste de la ciudad el hasta ahora mayor barrio residencial de lujo de Europa.

Este vertiginoso desarrollo urbano supuso el pistoletazo de salida para el transporte público. Cuanto más se expandía la ciudad, más largo era el camino al trabajo para sus ciudadanos.

A partir de 1866, la PEG (Pferde-Eisenbahn-Gesellschaft; en español, Compañía de ferrocarril a caballos) empezó a circular con regularidad entre Wandsbek y el ayuntamiento de Hamburgo. Pronto se expendieron abonos y billetes colectivos económicos. A partir de 1878, el ferrocarril a caballos Hamburg-Altonaer circuló por primera vez por la calle Großen Burstah. La calle Rödingsmarkt y la plaza Rathausmarkt se convirtieron en las intersecciones de tráfico más importantes. En 1890, un total de 3600 caballos tiraba de los vagones del tranvía por turnos. En 1895 comenzó la electrificación y los vagones pintados de verde oscuro de la SEG (Straßen-Eisenbahngesellschaft; en español: Compañía de tranvías) marcaban el paisaje urbano. En 1900, por la Großen Burstah había un ajetreo de cerca de 70 tranvías por hora; esto también siguió así cuando, en 1912, se inauguró la primera línea de tren elevado, la «Ringlinie», que hoy en día es la U3. Incluso cuando en 1978 el último tranvía de Hamburgo entró para siempre en su terminal, cosa que a día de hoy muchos hamburgueses aún no entienden, la situación del tráfico en la zona siguió sin calmarse. Y es que ahora circulan los autobuses.

**Wohnen wie die Reeder – das Gästehaus des Senats repräsentiert ein typisches Stück großbürgerlicher Wohnkultur.**

Live like a shipping magnate – the guest house of the Senate is a fine example of upper-class living.

**Vivre comme les grands armateurs – la résidence du gouvernement de Hambourg est un exemple typique du mode de vie de la grande bourgeoisie.**

Vivir como los navieros: la residencia de invitados del Senado es un claro ejemplo de la cultura habitacional de la alta burguesía.

**Hausboote am Mittelkanal in Hammerbrook sind beliebt, aber sehr teuer.**

Houseboats on the Mittelkanal in Hammerbrook are popular, but very expensive.

**Les maisons-bateaux du Mittelkanal, à Hammerbrook, sont très prisées, mais aussi très chères.**

Las casas flotantes en el canal central de Hammerbrook son muy apreciadas, pero también muy caras.

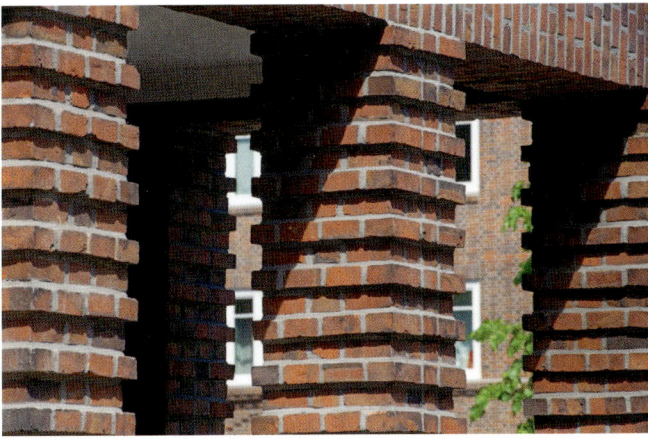

Eines der schönsten Backsteinviertel – Dulsberg –
wird seit einiger Zeit wegen der verhältnismäßig
günstigen Mieten zum Wohnen wiederentdeckt.
One of the finest red-brick areas – Dulsberg – is
being rediscovered due to its relatively low rents.
L'un des plus beaux quartiers construits en
briques, Dulsberg, est en train d'être redécouvert
grâce à ses loyers relativement modérés.
Dulsberg, uno de los barrios de ladrillo más bonitos,
ha vuelto a resurgir en los últimos tiempos debido al
precio relativamente bajo de los alquileres.

**Moderne Wohnarchitektur
im Wilhelmsburger Inselpark.**
Modern housing at Inselpark Wilhelmsburg.
**Des immeubles résidentiels modernes
dans le parc de l'île de Wilhelmsburg.**
Arquitectura residencial moderna
en el parque insular Wilhelmsburg.

**Die Behörde für Stadtentwicklung und
Wohnen steht auf Europas größter Flussinsel.**
The city's urban development agency is
situated on Europe's largest river island.
**L'Office du développement urbain est situé
sur la plus grande île fluviale d'Europe.**
La autoridad de desarrollo urbano está situada
en la isla fluvial más grande de Europa.

**Im Sandtorhafen entstand der
erste Bauabschnitt der HafenCity.**
The first stage of the HafenCity building
project took place at Sandtorhafen.
**Le port du Sandtorhafen a
accueilli la première phase de
la construction de la HafenCity.**
La primera fase de la HafenCity se
construyó en el puerto Sandtorhafen.

**Was vom ehemaligen Gängeviertel am Valentinskamp übrig blieb.**

What is left of the former *Gängeviertel* on Valentinskamp.

**Ce qui est resté de l'ancien quartier des ruelles, le Gängeviertel, le long de la rue Valentinskamp.**

Lo que queda del antiguo barrio de callejuelas en Valentinskamp.

**Im früheren Kapitäns- und Lotsendorf Övelgönne
scheint ab und zu die Zeit stehenzubleiben.**
Occasionally, time seems to have stood still
in the former seamen's village of Övelgönne.
**Le temps semble parfois s'être arrêté à Övelgönne,
l'ancien quartier des capitaines et des pilotes.**
De vez en cuando, el tiempo parece haberse detenido
en el antiguo barrio pesquero de Övelgönne.

**Die Palmaille in Altona gilt als Prachtstraße.**
Palmaille in Altona is a majestic boulevard.
**La rue Palmaille, artère prestigieuse d'Altona.**
La Palmaille de Altona es una avenida impresionante.

**Wer auf der »richtigen« Seite der
Elbchaussee wohnt, kann Schiffe gucken.**
If you live on the 'right' side of Elbchaussee,
you can watch the ships go by.
**Pour pouvoir admirer les bateaux, il faut habiter
« du bon côté » de l'avenue de l'Elbchaussee.**
Desde las viviendas de uno de los lados
de la Elbchaussee se pueden ver los barcos.

**Die Falkenried-Terrassen in Hamburg-Hoheluft-Ost sind ein denkmalgeschütztes Wohnquartier.**

The Falkenried-Terrassen in Hoheluft-Ost are a listed residential complex.

**Les maisons à terrasse de Falkenried, dans le quartier de Hambourg-Hohenluft, sont situées dans une zone résidentielle classée monument historique.**

Las Falkenried-Terrassen, al este de Hamburgo-Hoheluft, son un barrio residencial protegido como patrimonio histórico.

**Die Altbauwohnungen am Lehmweg sind begehrt.**
The period apartments on Lehmweg are highly desirable.
**Les appartements anciens de la rue Lehmweg sont très prisés.**
Los pisos de los edificios antiguos de la Lehmweg están muy solicitados.

**Der Klosterstern, das Herz von Harvestehude.**
Klosterstern, the heart of Harvestehude.
**La place de Klosterstern, le cœur de Harvestehude.**
Klosterstern, el corazón de Harvestehude.

**Rushhour der Stand-up-Paddler vor der Feenteichbrücke.**
Stand-up paddleboarder rush hour by the Feenteichbrücke bridge.
**L'heure de pointe du paddle à côté du pont de l'étang du Feeteich.**
Hora punta del paddle surf delante del puente de Feenteich.

# natur

nature

nature

naturaleza

Im Hamburger Stadtpark zieht es bei schönem Wetter Hunderte auf die Wiesen, bepackt mit Dreibein-Grills, Fleischpaketen und Tupperdosen. Im Jenischpark in Othmarschen erwartet man jeden Moment, dass ein Landedelmann durch die Alleen reitet wie um 1800. Am Alsterufer sind schon morgens ab halb sieben die ersten Jogger unterwegs. Und in Hamburgs Norden und Süden gibt es grüne Ecken, die ganz still und unberührt vor sich

# grüner wird's nicht

## NATUR

hinträumen – willkommen in Duvenstedt, hallo Fischbeker Heide!

Hamburg ist die grünste Metropole Deutschlands. Von den 755 Quadratkilometern Stadtfläche entfallen knapp die Hälfte, 46 Prozent, auf Wasser, Wald, Landwirtschafts- und Erholungsflächen. Etwa ein Fünftel davon sind öffentliche Grünanlagen, dazu kommen die privaten Gärten in Hinterhöfen, in Reihenhaussiedlungen oder auf den Anwesen an der Elbchaussee. Nach einer Schätzung des Amtes für Naturschutz, Grünplanung und Energie gibt es zurzeit mehr Bäume, als Hamburg Einwohner hat – rund 1,83 Millionen. Doch wehe, auch nur ein Baum muss oder soll gefällt werden: Da werden Hamburger sofort biestig. So scheiterte am Schulterblatt der geplante Umbau der »Neuen Flora« zu einem Musicaltheater 1989 an einer einzigen Linde.

Die Hamburger Lust am Grün hat Tradition. Nach dem Bau der Befestigungsanlagen 1628 entstanden überall in der Neustadt Gärten mit Bäumen, die auf einer Stadtansicht von 1644 deutlich zu sehen sind. Heute erscheint es eigenartig, dass Hamburg den »Lustgarten« als Entspannungs- und Kreativraum gleich nach dem Dreißigjährigen Krieg entdeckte. Aber die Hansestadt war in ihrem Verteidigungsring relativ sicher und zog daher zahlreiche wohlhabende Emigranten an, unter ihnen auch die gartenliebenden Niederländer. Ihre Kenntnisse, ihre Gärtner und ihre Handelsverbindungen sorgten für einen hortikulturellen Aufschwung. Hochbegehrte exotische Blumen und Pflanzen kamen in die Stadt, wie Tulpen, Anemonen, Kaiserkronen und Zitrusbäumchen. Gärten wurden in der Oberschicht der Kaufmannschaft zum Statussymbol. Man traf sich in botanischen Zirkeln, tauschte Wissen und Blumensamen aus, trug Blumen am Revers wie Juwelen.

Im 18. Jahrhundert kam aus England dann ein neuer Trend: Ein Garten sollte nun Landschaft sein und die Natur bewusst nachgestalten. Einen solchen Park mit Solitärbäumen, Blickachsen und Wiesen ließ sich der Kaufmann und Reformer Caspar Voght auf seinem Mustergut in Klein Flottbek anlegen. 1828 verkaufte er das Gut an den Senator Martin Johann Jenisch, der gleichnamige Park ist für viele Hamburger heute der schönste.

Hamburg besaß 1912 eine Million Einwohner. Der frühere Direktor der Kunsthalle, Alfred Lichtwark, forderte bei der Gartengestaltung daher mehr Ordnung und Orientierung am Menschen. Ihre Bedürfnisse standen im Zentrum der Reformgartenbewegung, die Naturnähe, Ästhetik und Erholung miteinander verbinden wollte. So wurden 1911 die ersten Schrebergartenvereine gegründet. Heute sind im Landesbund der Gartenfreunde rund 35.000 Hamburger Kleingärtner organisiert, der Altersdurchschnitt sinkt, denn auffallend viele junge Paare interessieren sich inzwischen für eine Parzelle.

Ein Erfolg der Reformgartenbewegung war auch der 1928 fertiggestellte Stadtpark. Unter dem Einfluss von Fritz Schumacher, dem legendären Hamburger Oberbaudirektor, wurde die 148 Hektar große Fläche mit Wiesen und Gehölzen, einem Wasserturm (dem heutigen Planetarium) und zahlreichen Kunstwerken gestaltet. 80 Jahre später wurden für die Internationale Gartenschau 2013 auch in Wilhelmsburg neue Parkanlagen und Kleingärten angelegt, darüber hinaus allein 20 Hektar für den Naturschutz. Und wenn mal ein Baum abgeholzt werden muss, wird laut der Hamburger Baumschutzverordnung – im Amtsdeutsch HmbBL I 791-i genannt – im Verhältnis eins zu eins aufgeforstet. Die städtischen Baumexperten haben dazugelernt: Weil jahrzehntelang versucht wurde, in den Waldparks alle Bäume zu erhalten, konnte nichts Vernünftiges nachwachsen. Unter den Bäumen herrschte eine erbitterte Kronen- und Wurzelkonkurrenz. Das Ziel ist nun der Aufbau einer natürlichen Waldgesellschaft, einer Mischung aus jungen und alten Bäumen und dazwischen Lichtinseln, auf denen Kräuter wachsen können und das Bodenleben in Gang kommt.

Nachholbedarf besteht zurzeit noch in der HafenCity, auch wenn dort 2018 mit dem Lohsepark die erste grüne Insel eröffnet wurde. Aber es existierten einfach noch zu wenige Bäume, klagen die Anwohner, deshalb nisteten zu wenige Vögel und daher gebe es zu viele Insekten. Die »Spinnenplage« in der HafenCity ist jedenfalls keine Spökenkiekerei.

On sunny days, hundreds of people flock to the grassy meadows of the Stadtpark (city park), laden with barbecues, plenty of meat and Tupperware containers. In Jenischpark in Othmarschen, one almost expects to see a country squire riding by as if the year were 1800. On the banks of the Alster, the first runners are out and about from roughly 6:30 a.m. onwards. And in the north and south of the city, you will find unspoilt swathes of green that bask in dreamy tranquillity – welcome to Duvenstedt, say hello to Fischbek Heath.

Hamburg is Germany's greenest big city. Water, woodland, fields and recreational areas account for almost half (46%) of the city's 755 square kilometres of land. Public green spaces make up about a fifth of total greenery, with the rest accounted for by private gardens in courtyards, terraced housing or on the luxury estates on Elbchaussee. According to an estimate by the authority responsible for nature conservation, green planning and energy, Hamburg currently has more trees – 1.83 million – than it does residents. But woe betide anyone planning to chop down a tree, as they risk incurring the wrath of local residents. The planned conversion of the Floratheater on Schulterblatt into the 'Neue Flora' musical theatre in 1989, for example, was scuppered by a single lime tree.

Hamburg residents have always loved their parks and gardens. Following the construction of the city's ramparts in 1628, gardens with trees sprung up all over the Neustadt (new town) – and are clearly visible on a townscape from 1644. Today, it seems strange that the people of Hamburg discovered pleasure gardens to be ideal places for recreation and creativity almost immediately after the end of the Thirty Years War. However, the city was relatively secure within its defensive ring, thus attracting many affluent emigrants, including the garden-loving Dutch. Their knowledge, their gardeners and their trade links resulted in a horticultural upsurge. Highly coveted exotic trees and plants, such as tulips, anemones, crown imperials and citrus trees, were introduced to the city. Gardens became status symbols in the richer mercantile classes, with people meeting in botanical societies, exchanging knowledge and seeds, and wearing flowers like jewels on their lapels.

A new trend then arrived from Britain in the 18th century; people now wanted gardens to be landscapes that consciously reflect their natural surroundings. One such park with solitary trees, lines of sight and meadows was commissioned by merchant and reformer Casper Voght on his model farm in Klein Flottbek. In 1828, he sold the farm to Senator Martin Johann Jenisch – and the eponymous park is now regarded as the most beautiful in the city by many people.

In 1912, Hamburg had a million inhabitants. The former director of the Kunsthalle gallery, Alfred Lichtwark, therefore favoured a more ordered style in his garden design, with a strong focus on the people who would enjoy it. Their requirements were the focus of the new garden movement: they wanted to be close to nature, in an aesthetically pleasing, relaxing environment. The first allotment associations were established in 1911. Some 35,000

macher, Hamburg's legendary chief planning director, the 148-hectare site was transformed with grassy meadows and trees, a water tower (now the Planetarium) and countless works of art. 80 years later, new parks and allotments were also created in Wilhelmsburg for the 2013 International Garden Show, not to mention 20 hectares for nature conservation alone. And whenever a tree needs to be felled, Hamburg tree protection legislation (referred to as 'HmbBL I 791-i' in officialese) stipulates that a new one needs to be planted. The city's tree experts have learnt their lesson: as they spent decades trying to hang on to each and every tree in the city's woodland parks, there was no chance of any proper regrowth – and a fierce battle raged for root and treetop space amongst the trees themselves. The aim is now to create a natural forest environment, with a mix of young and old trees and clearings in between, where herbs can grow and soil life can flourish.

There is still a need to catch up in the HafenCity, even though the area's first green oasis – Lohsepark – was opened in 2018. However, residents still complain of a lack

# green – as far as the eye can see

## NATURE

Hamburg allotment holders are members of Landesbund der Gartenfreude in Hamburg e.V. (Hamburg state garden enthusiasts' association) and their average age is falling, as remarkable numbers of young couples are interested in getting a plot.

The Stadtpark, which was completed in 1928, is another achievement of the new garden movement. Influenced by Fritz Schu-

of trees. As a result, there are too few nesting birds, which in turn results in an overabundance of insects. At any rate, the 'plague of spiders' in the HafenCity is more than just a figment of the imagination.

Par beau temps, les pelouses du parc municipal de Hambourg, le « Stadtpark », attirent des centaines de personnes venues faire des grillades, chargées de barbecues portables, de viande sous vide et de boîtes. Au Jenischpark d'Othmarschen, on s'attend à voir débarquer dans les allées un gentilhomme de la campagne sur son fidèle destrier comme en 1800. Au bord de l'Alster, les premiers joggeurs apparaissent dès 6 h 30 du matin. Et le Nord et le Sud de Hambourg ont eux aussi leurs coins de verdure paisibles et sauvages, comme Duvenstedt ou Fischbeker Heide.

Hambourg est la métropole la plus verte d'Allemagne. Sur une surface totale de 755 km², près de la moitié (46 pour cent) est occupée par de l'eau, des forêts, des surfaces agricoles ou des zones récréatives. Un cinquième environ de ces étendues correspond à

des fortifications en 1628, la ville nouvelle (ou « Neustadt », en allemand) a vu apparaître divers jardins plantés d'arbres, que l'on distingue très bien dans une illustration de la ville de 1644. Aujourd'hui, il paraît curieux que Hambourg ait attendu le lendemain de la guerre de Trente Ans pour découvrir le concept de parc. Mais derrière son enceinte, la ville hanséatique était relativement sûre et attira ainsi de nombreux émigrés fortunés, entre autres des Néerlandais, passionnés de jardins. Leur savoir-faire, leurs jardiniers et leurs relations commerciales ont développé l'horticulture. On se mit à planter des fleurs et des plantes exotiques, telles que des tulipes, des anémones, des fritillaires impériales et des agrumes nains. Dans la classe supérieure marchande, le jardin devint un signe extérieur de richesse. On se retrouvait au sein de groupes de botanique, on

directeur du Musée des beaux-arts, la « Kunsthalle », voulait un aménagement plus « ordonné » et axé sur l'humain. Le mouvement de réforme des jardins s'est concentré sur les besoins des humains et cherchait à marier esthétique, repos et proximité de la nature. C'est ainsi qu'est née la première association de jardins ouvriers en 1911. Aujourd'hui, la fédération du « Landesbund der Gartenfreunde » réunit quelque 35 000 jardiniers amateurs de Hambourg. La moyenne d'âge est en baisse et beaucoup de jeunes couples demande une parcelle.

L'un des grands succès du mouvement de réforme a été le « Stadtpark », achevé en 1928. Sous l'influence de Fritz Schumacher, le célèbre Directeur des travaux publics de Hambourg, ses 148 hectares ont été aménagés pour accueillir des pelouses, des bosquets et un château d'eau (l'actuel planétarium), ainsi que des œuvres d'art. Pour du Festival des jardins de 2013, 80 ans plus tard, le quartier de Wilhelmsburg s'est lui aussi vu doter de nouveaux parcs et jardins familiaux, ainsi que de 20 hectares dédiés à la protection de l'environnement. Et dans les rares cas où un arbre doit être abattu, un autre est replanté, conformément au Règlement hambourgeois (« HmbBL I 791-i »). Les spécialistes des arbres de la ville ont appris des erreurs du passé : on a longtemps essayé de préserver chaque arbre dans les parcs forestiers et plus rien ne poussait correctement. Les différentes espèces se livraient une concurrence sans merci. L'objectif est de faire émerger une structure sylvicole naturelle composée d'arbres jeunes et anciens, avec des îlots de lumière où poussent des herbes et où la vie du sol est dynamique.

La HafenCity, elle, a des progrès à faire, même si le premier parc, le Lohsepark, y a ouvert en 2018. Cependant, il y a encore trop peu d'arbres, se plaignent les riverains, et donc trop peu d'oiseaux et trop d'insectes. L'« invasion des araignées » n'est pas qu'un mythe...

# plus verte que nature

## NATURE

des espaces verts publics, auxquels s'ajoutent des jardins privés situés dans des arrière-cours, derrière des maisons mitoyennes ou autour des grandes propriétés de la cossue avenue de l'Elbchaussee. L'Office de la protection de l'environnement, de la planification des espaces verts et de l'énergie estime que Hambourg compte plus d'arbres que d'habitants (1,83 million). Malheur si ne serait-ce qu'un arbre risque d'être abattu ou est condamné : les Hambourgeois montrent les dents. Ainsi, un seul tilleul a fait échouer la transformation de la « Neue Flora » de la rue Schulterblatt en théâtre de comédies musicales en 1989.

L'amour des Hambourgeois pour la nature a une longue tradition. Après la construction

échangeait son savoir et ses graines, on portait des fleurs au revers de sa veste comme des bijoux.

Au XVIIIe siècle, une nouvelle mode arriva d'Angleterre : le jardin se devait d'être un paysage imitant la nature. Le marchand et réformateur Caspar Voght se fit aménager un parc de ce type, avec des arbres solitaires, de grandes perspectives et des prairies dans son domaine modèle de Klein Flottbek. En 1828, il revendit sa propriété au ministre local Martin Johann Jenisch ; le parc éponyme est considéré par beaucoup de Hambourgeois comme le plus beau de la ville.

En 1912, Hambourg comptait un million d'habitants. Alfred Lichtwark, l'ancien

En el Hamburger Stadtpark, cuando hace buen tiempo, cientos de personas ocupan su prado equipadas con barbacoas de tres patas, paquetes de carne y fiambreras. En el Jenischpark de Othmarschen se espera que en cualquier momento un hidalgo rural cabalgue por los paseos como en 1800. En la ribera del Alster ya hay gente haciendo footing a partir de las seis y media de la mañana. Además, en el norte y en el sur de Hamburgo hay rincones verdes intactos que sueñan despiertos plácidamente: ¡Bienvenidos a Duvenstedt! ¡Hola, Fischbeker Heide!

Hamburgo es la metrópolis más verde de Alemania. De los 755 kilómetros cuadrados de superficie de la ciudad, casi la mitad (46 %) son áreas acuáticas, forestales, agrícolas y recreativas. Cerca de una quinta parte de ellas son zonas verdes públicas, además de los jardines privados en los patios traseros, en urbanizaciones de casas adosadas o en las mansiones de la Elbchaussee. Según una estimación del Departamento local de Protección del medioambiente, Planificación de zonas verdes y Energía, en la actualidad existen más árboles que habitantes en Hamburgo: aproximadamente 1,83 millones. Pero cuidado en el momento que se tenga o se deba talar un solo árbol: ahí los hamburgueses sacarán las garras de inmediato. Así fracasó en 1989, por un solo tilo, el proyecto de transformación del «Neuen Flora» en un teatro de musicales en la calle Schulterblatt.

El amor que los hamburgueses sienten por la naturaleza viene de lejos. Después de la construcción de las fortificaciones en 1628, se crearon jardines con árboles por todo el Neustadt, los cuales se aprecian claramente en una panorámica de la ciudad de 1644. Hoy parece extraño que Hamburgo descubriera los jardines como espacio de relajación y creatividad justo después de la Guerra de los Treinta Años. Sin embargo, la ciudad hanseática estaba bastante segura dentro de su anillo defensivo y atrajo por ello a numerosos emigrantes acaudalados, entre ellos también neerlandeses con su pasión por los jardines. Sus conocimientos, sus jardineros y sus conexiones comerciales dieron un impulso a la horticultura. A la ciudad llegaron ansiadas flores y plantas exóticas como tulipanes, anémonas, coronas imperiales y árboles de cítricos. Los jardines se convirtieron en un símbolo de estatus para los comerciantes de clase alta. Se reunían en círculos botánicos, intercambiaban conocimientos y semillas, y llevaban flores en la solapa a modo de joyas.

Más tarde, en el s. XVIII, llegó una nueva moda procedente de Inglaterra: ahora los jardines solo debían ser paisajes y la naturaleza se debía recrear de forma buscada. El comerciante y reformista Caspar Voght mandó que

## más verde, imposible

### NATURALEZA

le diseñaran un parque de ese tipo con árboles solitarios, miradores y prados en su granja modelo en Klein Flottbek. En 1828 le vendió la finca al senador Martin Johann Jenisch y ese parque, que lleva su nombre, es hoy en día el más bonito para muchos hamburgueses.

En 1912, Hamburgo tenía un millón de habitantes. Por esta razón, el antiguo director del Kunsthalle, Alfred Lichtwark, pidió a los ciudadanos más «orden» y orientación en el diseño de los jardines. Sus deseos se situaban en el foco del «Movimiento de reforma de jardines», que pretendía conectar la naturaleza, la estética y el esparcimiento. Fue así como, en 1911, se fundaron las primeras asociaciones de huertos familiares. Hoy en día, la Landesbund der Gartenfreunde (Federación de los aficionados a la jardinería) cuenta con cerca de 35 000 socios jardineros aficionados de Hamburgo, cuya edad media está bajando por el espectacular interés actual de muchas parejas jóvenes por una parcela.

Otro éxito del Movimiento de reforma de jardines fue la conclusión del Stadtpark en 1928. Bajo la influencia de Fritz Schumacher, el legendario director de superestructuras, se diseñó la gran superficie de 148 hectáreas con prados y sotos, una torre de agua (el actual planetario) y numerosas obras de arte. 80 años después también se crearon en Wilhelmsburg nuevos parques y parcelas para huertos familiares, además de 20 hectáreas solo para la conservación, con motivo de la Exposición Internacional de Jardinería de 2013. Y por cada árbol que se tale, se plantará uno nuevo, siguiendo con la ordenanza de protección de árboles de Hamburgo, llamada «HmbBL I 791-i» en la jerga administrativa alemana. Los expertos en árboles de la ciudad aprendieron que aunque se intentara conservar todos los árboles de los parques forestales durante décadas, no podía volver a crecer nada en buenas condiciones. Bajo los árboles regía una encarnizada lucha de copas y raíces. El objetivo ahora es crear un grupo forestal, una mezcla de árboles jóvenes y viejos, y entre ellos, claros en los que puedan crecer las hierbas y donde la vida a nivel del suelo pueda activarse.

La HafenCity todavía necesita recuperación, incluso aunque allí, al igual que en el Lohsepark, se inaugurara la primera isla verde en 2018. Sin embargo, los vecinos se quejan de que aún siga habiendo muy pocos árboles, por lo que anidan muy pocas aves, con la consecuencia de que haya muchos insectos. La «plaga de arañas» en la HafenCity no es ninguna invención.

**Auf seiner Stadtrundfahrt passiert der RiverBus auch Entenwerder 1. Das Café wurde auf einem Ponton auf der Norderelbe vor Rothenburgsort gebaut.**

On its tour of the city, the RiverBus passes Entenwerder 1, a cafe built on a pontoon on the Upper Elbe near Rothenburgsort.

**Pendant ses visites guidées, le « RiverBus » passe aussi par l'« Entenwerder I ». Le café a été construit sur un ponton du bras nord de l'Elbe, devant Rothenburgsort.**

Durante su visita por la ciudad, el RiverBus también pasa por el Entenwerder I. Esta cafetería se construyó sobre un pontón en el brazo norte del Elba frente a Rothenburgsort.

**Die Wasserspiele in den Wallanlagen.**
A water show in the Wallanlagen park section.
**Les fontaines des fortifications.**
Las fuentes junto a las antiguas murallas.

**Die kostenlosen Wasserlichtkonzerte in Planten un Blomen beginnen vom I. Mai bis zum I. September allabendlich um 22 Uhr.**
The free musical Light & Water Concerts in Planten un Blomen park are held at IO p.m. every evening from I May to I September.
**Les fontaines lumineuses et musicales peuvent être admirées tous les soirs du I<sup>er</sup> mai au I<sup>er</sup> septembre à partir de 22 h dans le parc de Planten un Blomen.**
Los espectáculos gratuitos de las fuentes con luz y música en Planten un Blomen empiezan todas las noches a partir de las 22 h del I de mayo al I de septiembre.

**Das klassizistische Jenisch Haus steht mitten im gleichnamigen Park. Es dient heute als Museum für Kunst und hanseatische Wohnkultur.**

The neoclassical Jenisch Haus is at the heart of the eponymous park. It is now a museum for art and Hanseatic living.

**La Jenisch Haus, de style classiciste, est située au centre du parc éponyme. Elle accueille le Musée de l'art et de l'art de vivre hanséatique.**

La Jenisch Haus, de estilo clasicista, se encuentra en medio del parque con el mismo nombre. Hoy es un museo de arte y de cultura habitacional hanseática.

**Der Tierpark Hagenbeck war weltweit der erste Tierpark ohne Gitter. Er wurde am 7. Mai 1907 eröffnet und befindet sich bis heute in Familienbesitz.**

Tierpark Hagenbeck was the world's first zoo without cages. It opened in 1907 and is still a family business.

**Le zoo de Hagenbeck a été le premier zoo au monde sans barreaux. Ouvert le 7 mai 1907, il est encore géré sous forme d'entreprise familiale.**

El zoológico Hagenbeck fue el primer zoológico sin rejas del mundo. Se inauguró el 7 de mayo de 1907 y hasta hoy en día es de propiedad familiar.

**Der 148 Hektar große Stadtpark im Stadtteil Winterhude wurde 1914 nach Plänen des Oberbaudirektors Fritz Schumacher angelegt.**

The 148-hectare Stadtpark in Winterhude was designed according to the plans of chief planning director Fritz Schumacher in 1914.

**Le « Stadtpark » de 148 hectares, situé dans le quartier de Winterhude, a été aménagé en 1914 par de Fritz Schumacher, Directeur des travaux publics.**

El gran Stadtpark de Winterhude, con 148 hectáreas, se creó en 1914 bajo las órdenes del director de superestructuras Fritz Schumacher.

**Der Friedhof Ohlsdorf ist der größte
Parkfriedhof der Welt (kl. Foto rechts).**
Ohlsdorf Cemetery is the world's largest
garden cemetery (small photo, right).
**Le cimetière d'Ohlsdorf est le plus grand
parc-cimetière au monde (petite photo à droite).**
El cementerio Ohlsdorf es el cementerio parque
más grande del mundo (imagen de la derecha).

**Hamburg hat seine
Grillvorschriften gelockert.**
Hamburg has eased its by-laws
on barbecuing in public.
**Hambourg a assoupli sa législation
en matière de grillades.**
La normativa de Hamburgo sobre el
uso de barbacoas se ha flexibilizado.

**Die 120 Alsterschwäne stehen unter
besonderem Schutz des Hamburger Senats.**
The 120 Alster swans enjoy special
protection from the Hamburg Senate.
**Les 120 cygnes de l'Alster sont particulièrement
protégés par le gouvernement de Hambourg.**
Los 120 cisnes del Alster están bajo
protección especial del gobierno local.

**Hamburg ist die grünste Stadt Deutschlands, auch
da, wo man es vielleicht nicht erwartet – in der City.**
Hamburg is Germany's greenest city, even
where you might least expect it – in the centre.
**Hambourg est la ville la plus verte d'Allemagne,
même où on s'y attend le moins : en ville.**
Hamburgo es la ciudad más verde de Alemania,
incluso también en el centro urbano.

**Der Rondeelteich ist ein beliebtes Ziel bei sonntäglichen Kanutouren.**

The Rondeelteich pond is a popular destination for a Sunday canoe trip.

**L'étang du Rondeeteich est une destination prisée pour les balades en canoë du dimanche.**

El Rondeelteich es un lugar ideal para montar en canoa los domingos.

**Dünenlandschaft im Naturschutzgebiet »Boberger Niederung«.**
The Boberg Sand Dunes in Lohbrügge are part of the Boberger Niederung nature reserve.
**Paysage de dunes dans la réserve naturelle de « Boberger Niederung ».**
Las dunas de Boberger Niederung son reserva natural.

**Das Eppendorfer Moor beginnt in Groß Borstel
und endet kurz vorm Hamburg Airport.**
Eppendorf Moor begins in Groß Borstel
and ends just before Hamburg Airport.
**La tourbière d'Eppendorf commence à
Groß Borstel et se termine aux portes de l'aéroport.**
El pantano de Eppendorf empieza en Groß Borstel
y termina justo antes del aeropuerto de Hamburgo.

**In der Wilhelmsburger Windmühle
*Johanna* kann geheiratet werden.**
Weddings take place in the
Wilhelmsburg windmill 'Johanna'.
**Il est possible de se marier dans le
moulin *Johanna* de Wilhelmsburg.**
En el molino de viento «Johanna» de Wilhelmsburg
las parejas pueden darse el «sí, quiero».

**Der Vierländer *Uns Ewer*. Die Segler transportierten
früher Obst und Gemüse zu den Märkten.**
The *Uns Ewer* sailing ship in the Vierländer region.
These vessels once transported fruit and veg to market.
**Le *Uns Ewer*, de Vierlande. Autrefois, les voiliers
approvisionnaient les marchés en fruits et légumes.**
Embarcación «Uns Ewer» de la zona de Vierlande. Estos veleros
se utilizaban antes para transportar fruta y verdura a los mercados.

**Der Neue Wall gilt als Hamburgs exklusivste Einkaufsstraße.**

Neuer Wall is Hamburg's most exclusive shopping street.

**La rue Neuer Wall est considérée comme l'artère commerçante la plus chic de Hambourg.**

La Neue Wall está considerada como la calle comercial más exclusiva de Hamburgo.

# shopping

shopping
shopping
comprar

Hamburger gehen gern shoppen, selbst dann, wenn es regnet. Nicht im Internet, sondern gerade in der Innenstadt, da man im weiteren Umkreis um die Prachtstraße Neuer Wall bei schlechtem Wetter höchstens mal für ein paar Meter den Regenschirm aufspannen muss: Denn bald schon hat man wieder ein festes

venezianischen Flair. Sie wurden von 1843 bis 1846 nach dem Großen Brand erbaut und begeistern mit ihrer eleganten Leichtigkeit. Als »Mutter« aller innerstädtischen Passagen, die nach dem Krieg eröffnet wurden, gilt freilich das »Hanseviertel«, das jedoch nicht nur wegen seiner Geschäfte besucht wird, sondern

verbindet und den direkten Zugang zum Innenhof des Hamburger Rathauses ermöglicht. So wird eine räumliche Verbindung zwischen Neuer Wall und Jungfernstieg und der Mönckebergstraße, Spitalerstraße und Großer Burstah geschaffen. Die Hamburger können sich also nicht nur über eine neue »Flaniermeile« freuen, sondern auch über ein Stück historisches Hamburg in neuem Glanz.

# in kauflaune

## SHOPPING

Dach über dem Kopf und viele verschiedene Schaufensterauslagen vor sich. Könnte es sein, dass die »Passage« in der Hansestadt erfunden wurde?

Mit »Sillem's Bazar« am Jungfernstieg wurde im Jahre 1843 jedenfalls die erste große, mit Glas überdachte Einkaufspassage in Deutschland eröffnet. Sie musste zwar 1881 für den Bau des Luxushotels »Hamburger Hof« weichen, doch seit 1979 ist hinter der blassroten neobarocken Sandsteinfassade auf 5.400 Quadratmetern wieder Einkaufen angesagt.

So vielseitig das Angebot inzwischen ist, so facettenreich sind auch die Architektur und das Interieur der Passagen. Von Jugendstil über den Backsteinbau bis hin zu moderner Architektur in Stahl und Glas wechseln sich Stile und Bauweisen ab. Die Auswahl der Geschäfte ist mal kleiner und feiner (Kaisergalerie oder Mellin-Passage), sehr groß und auch für schmalere Portemonnaies geeignet (Europa-Passage, Wandelhalle im Hauptbahnhof), extravagant (Galleria) oder überwiegend exklusiv (Alte Post und Bleichenhof). Die Alsterarkaden wiederum, eine Art halboffene Einkaufspassage mit Blick auf den Rathausmarkt, verzaubern den Besucher mit ihrem

auch vor allem sonnabends am Schlemmerstand bisweilen »Land unter« meldet. Krustentiere, Austern und Champagner wecken Begehrlichkeiten und wohl auch ein bisschen den Sozialneid.

2019 geht mit der Alter-Wall-Passage ein weiterer Mitbewerber ins Rennen. Das mächtige Kontorhausensemble, das ebenfalls nach dem Großen Brand entlang des Alsterfleets hochgezogen wurde, markierte seit seiner Entstehung eine steinerne Grenze. Zwischen dem Großen Burstah im Nikolaiquartier, um die Jahrhundertwende noch *die* Einkaufsstraße der Stadt, sowie dem westlichen Ende der Mönckebergstraße mit ihrer vielfältigen Markenwelt war eine konsumbefreite Zone entstanden, die als Parkfläche vor sich hinschlummerte und auf der gegenüberliegenden Seite vom Rathaus begrenzt wurde. Jetzt sind beide Einkaufswelten wieder miteinander verbunden. Nur die historischen Fassaden der Kontorhäuser sind erhalten geblieben. Dahinter ist eine kombinierte Einkaufs- und Büropassage der Superlative entstanden, in der auch das renommierte Bucerius-Kunstforum ein neues Zuhause erhielt. Der Clou des Bauprojekts ist jedoch die neue Alsterfleetbrücke, die den Neuen Wall mit dem Alten Wall zusätzlich

Das »Shop-im-Shop-System« der Einkaufspassagen findet man zunehmend auch in den großen Kaufhäusern der Stadt, so auch im Alsterhaus am Jungfernstieg, das von Kaufmann Oscar Tietz am 24. April 1912 mit dem Kapital seines Onkels Hermann Tietz (Hertie) eröffnet wurde. Heute bildet das Alsterhaus innerhalb der KaDeWe-Group mit dem Kaufhaus des Westens in Berlin und dem Oberpollinger in München ein Triumvirat der drei besten deutschen Kaufhäuser.

Doch selbstverständlich gibt es in Hamburg viele weitere Topadressen und »Einkaufsmeilen«. Es muss nicht immer nur der Neue Wall sein, wo sich inzwischen vor allem die Flagship-Stores der üblichen Weltmarken niederlassen. Denn am Eppendorfer Baum und in der Eppendorfer Landstraße, in der Ottenser Hauptstraße, in den Nebenstraßen der Reeperbahn auf St. Pauli, rund ums Schulterblatt in der Schanze oder in der Marktstraße im Karoviertel an den Messehallen (um nur einige Einkaufsparadiese zu nennen) buhlen unzählige Geschäfte um Kundschaft – von gediegen und alteingesessen bis absolut schräg und zeitgeistig. Ein Bummel lohnt sich, auch dann, wenn man »nur gucken« und sich inspirieren lassen will. Aber vergessen Sie für alle Fälle bitte nicht Ihren Regenschirm.

The people of Hamburg love to shop, even when it's raining. And they would rather shop in the city centre than online, as they only need to briefly open their umbrellas in a wide area around the Neuer Wall boulevard when the weather is bad. That's because they quickly find shelter and a plethora of shop windows to browse. Were 'arcades' even invented in Hamburg?

After all, Germany's first large, glass-roofed shopping arcade, 'Sillem's Bazar', opened its doors on Jungfernstieg in 1843. Although the bazaar was demolished in 1881 to make way for the construction of the luxury hotel Hamburger Hof, the pale red neo-Baroque building was reinstated as a 5,400 square metre shopping paradise in 1979.

Nowadays, the city's vast array of shops is matched only by the multifaceted architecture and interior design of its passages. From art nouveau and brickwork through to modern architecture in steel and glass, a variety of styles and construction techniques exist side by side. The choice of shops is sometimes smaller and more select (Kaisergalerie, Mellin Passage), sometimes larger and more suitable for tighter budgets (Europa Passage, the Wandelhalle in the main station), sometimes extravagant (GALLERIA) or primarily exclusive (Alte Post, Bleichenhof). The Alsterarkaden, a series of semi-outdoor shopping arcades with a view of Rathausmarkt square, enchant visitors with their Venetian flair. They were rebuilt between 1843 and 1846 following the Great Fire and boast effortless elegance. The mother of all the city centre arcades opened after the war is undoubtedly the Hanseviertel. It is not only a visitor magnet on account of its shops, as the famous Hummerstand seafood cafe is also packed to the rafters on Saturdays. Shellfish, oysters and champagne not only whet the appetite, but perhaps also stir up a little social envy.

In 2019, another competitor – the Alter Wall Passage – will be throwing its hat into the ring. This imposing collection of mercantile buildings along the Alsterfleet waterway,

which were also built after the Great Fire, have marked a hard border ever since their inception. A consumerism-free zone, which lay undisturbed as parking space and which ended on one side with the town hall, was situated between Grosser Burstah in the Nikolaiquartier district (which was still *the* shopping street at the start of the 20th century) and the western end of Mönckebergstrasse, with its myriad brand stores. These two shopping districts are now linked. The historic facades of the mercantile buildings (which are the only things

# spend, spend, spend

## SHOPPING

that remain unchanged) will accommodate a magnificent shopping and office complex, which will even include a new home for the renowned gallery Bucerius Kunst Forum. What makes the construction project so special, however, is the new Alsterfleetbrücke bridge, connecting Neuer Wall and Alter Wall whilst affording direct access to the inner courtyard of the town hall. The result will be to connect Neuer Wall, Jungfernstieg, Mönckebergstrasse, Spitalerstrasse and Grosser Burstah. Hamburg residents will therefore not only be treated to a new promenade, but will also be able to see a historic part of the city restored to its former glory.

The 'shop-in-shop' system found in the shopping arcades is also increasingly making its way into the city's major department stores, such as the Alsterhaus on Jungfernstieg, which was originally opened on 24 April 1912 by a merchant called Oscar Tietz using the capital of his uncle, Hermann Tietz ('Hertie'). As the KaDeWe Group, the Alsterhaus and its sister

stores KaDeWe in Berlin and Oberpollinger in Munich form a trio of Germany's premier department stores.

It goes without saying, of course, that Hamburg is home to many other prestigious stores and shopping streets. There are plenty of alternatives to Neuer Wall, which is nowadays mostly occupied by the flagship stores of the usual global brands. Whether on Eppendorfer Baum, Eppendorfer Landstrasse, Ottenser Hauptstrasse, the side streets around the Reeperbahn in St. Pauli, the area around Schulter-

blatt in Sternschanze or on Marktstrasse in the Karoviertel district near the trade fair grounds (to name just a handful of shopping paradises), there are countless stores competing for business, from sophisticated and well established through to offbeat and trendy. It's well worth going for a stroll, even if you're just doing a spot of window-shopping. But don't forget to take your umbrella.

Les Hambourgeois aiment faire les boutiques, même quand il pleut. Non, pas sur Internet, mais en centre-ville : si la météo est mauvaise, dans un large périmètre autour de la rue Neuer Wall, on n'a pas à tenir son parapluie pour plus que quelques mètres. On a en effet rapidement un toit au-dessus de sa tête et une multitude de vitrines à admirer. Se peut-il que le concept de galerie marchande ait été inventé à Hambourg ?

C'est en tout cas en 1843 que s'est ouvert le « Sillem's Bazar », la première grande galerie marchande surplombée d'une verrière en Allemagne, à Jungfernstieg. Le magasin a certes dû fermer ses portes en 1881 pour laisser place à l'hôtel de luxe « Hamburger Hof », mais dès 1979, l'heure était à nouveau au shopping derrière la façade en grès rouge clair néobaroque.

Côté diversité, seuls l'architecture et l'aménagement des galeries marchandes rivalisent avec les marchandises. De l'Art nouveau à l'architecture moderne en acier et en verre en passant par les bâtiments en brique, elles mêlent des styles et des types de construction

au lendemain du grand incendie, le bâtiment séduit par son élégante légèreté. Le « Hanse-viertel », « mère » de toutes les galeries commerciales d'après-guerre, n'est pas seulement plébiscité pour ses magasins, mais surtout pour les victuailles qui s'entassent sur son stand de produits fins tous les samedis. Ses crustacés, ses huîtres et son champagne ont de quoi attirer l'œil... mais aussi un peu de jalousie sociale.

En 2018, un nouveau concurrent entre dans la course : la galerie de l'Alter-Wall. Cet ensemble architectural imposant le long du canal est composé d'anciens comptoirs construits eux aussi après le grand incendie. Il a toujours représenté une sorte de frontière en pierre. Entre la rue Großer Burstah, dans le Nikolaiquartier, qui était *la* rue commerçante de la ville à la fin du XIX$^e$ siècle, et l'extrémité ouest de la Mönckebergstraße, avec ses nombreux magasins, était apparue une zone de non-consommation. Elle était utilisée comme parking et s'arrêtait en face de l'hôtel de ville. Ces deux univers du shopping sont désormais à nouveau réunis. Seules les façades historiques

tieg et entre les rues Mönckebergstraße, Spitalerstraße et Großer Burstah. Il s'agira pour les Hambourgeois d'un nouveau lieu pour flâner, mais aussi d'un pan de l'histoire de la ville qui resplendira d'un nouvel éclat.

Le concept de « corners de marques » des galeries commerciales se répand de plus en plus dans les grands magasins de la ville, comme dans l'« Alsterhaus » à Jungfernstieg, qui a été ouvert le 24 avril 1912 par le marchand Oscar Tietz avec des capitaux de son oncle, Hermann Tietz (« Hertie »). L'Alsterhaus fait aujourd'hui partie du groupe KaDeWe et forme avec Kaufhaus des Westens à Berlin et l'Oberpollinger à Munich le trio gagnant des grands magasins allemands.

Il y a bien sûr bien d'autres belles adresses et artères commerçantes à Hambourg. Il ne faut pas forcément se cantonner à la rue Neuer Wall, qui égrène surtout les grandes marques mondiales. Sophistiqués, bien établis, modernes ou complètement décalés : il y en a pour tous les goûts dans les rues Eppendorfer Baum, Eppendorfer Landstraße et Ottensener Hauptstraße, les rues environnantes de la Reeperbahn, à Sankt-Pauli, autour du Schulterblatt, à Sternschanze, ou de la Marktstraße, dans le quartier du Karo-Viertel, non loin du parc des expositions (pour ne citer que quelques paradis du shopping). Il vaut toujours la peine de s'y promener, même si ce n'est « que pour regarder » ou pour y chercher des idées. Mais n'oubliez pas votre parapluie !

# envies de shopping

## SHOPPING

très divers. Les magasins présents sont tantôt moins nombreux et plus chic (Kaisergalerie ou Mellin-Passage), tantôt très nombreux et accessibles aux petits budgets (Europa Passage, Wandelhalle, dans la gare centrale), extravagants (Galleria) ou plus select (Alte Post et Bleichenhof). Les Alsterarkaden, en revanche, qui se présentent sous la forme d'une galerie semi-ouverte dont la vue donne sur la place de l'hôtel de ville, raviront les visiteurs avec leur charme vénitien. Construit entre 1843 et 1846

des anciens comptoirs ont été préservées, avec derrière elles un mélange de galerie commerciale et de bureaux remarquables ainsi qu'un espace qui accueillera le célèbre musée d'art du Bucerius-Kunstforum. Cependant, le clou de ce projet de construction est le nouveau pont qui surplombera le canal : il reliera les rues Neuer Wall et Alter Wall et permettra d'accéder directement à la cour intérieure de l'hôtel de ville. Hambourg voit ainsi se créer un lien spatial entre Neuer Wall et Jungferns-

A los hamburgueses les gusta ir de compras, incluso cuando llueve. No por Internet, sino yendo directamente al centro, pues en la avenida Neuer Wall y sus alrededores solo es necesario abrir el paraguas para unos pocos metros como máximo, y es que enseguida uno tiene un techo seguro sobre la cabeza y muchos escaparates diferentes delante. ¿Podría ser que el concepto de «galerías» se inventara en la ciudad hanseática?

Sea como sea, en 1843 se inauguraron en la avenida Jungfernstieg las primeras grandes galerías comerciales con cubierta de cristal de Alemania. En 1881 tuvieron que hacer sitio al hotel de lujo Hamburger Hof, pero desde 1979, las compras retomaron su lugar en estos 5400 metros cuadrados detrás de la rojiza fachada neobarroca de gres.

Hoy en día la oferta es tan variada como también lo son la arquitectura y el interior de las galerías. Los estilos y los tipos de construcciones se alternan: del Modernismo y las construcciones de ladrillo a la arquitectura moderna de acero y cristal. El surtido de las tiendas a veces es menor y más exquisito (Kaisergalerie o Mellin-Passage), muy amplio y también más adecuado para bolsillos menos llenos (Europa-Passage, Wandelhalle en la estación central), extravagante (Galleria) o muy exclusivo (Alte Post y Bleichenhof). A su vez, las Alsterarkaden, una especie de galerías comerciales semiabiertas con vistas a la plaza Rathausmarkt, conquistan a los visitantes con su encanto veneciano. Se construyeron entre 1843–1846 tras el gran incendio y entusiasman con su elegante ligereza. Por supuesto, se considera el Hanseviertel como «madre» de todas las galerías del centro de la ciudad que se inauguraron tras la guerra; sin embargo, no solo recibe visitantes por sus tiendas, sino que a veces, sobre todo los sábados, el *stand gourmet* se «inunda» de gente. Crustáceos, ostras y champán despiertan los deseos y también una cierta envidia social.

En 2019 otro competidor se unirá a la carrera: el Alter-Wall-Passage. El poderoso grupo de edificios de oficinas, que igualmente se

levantó a lo largo de la ribera del Alster tras el gran incendio, marcó un límite de piedra desde su construcción. Entre la calle Großen Burstah del Nikolaiquartier, que durante la *Belle Époque* aún era *la* calle comercial de la ciudad, y el extremo occidental de la calle Mönckebergstraße con sus numerosas tiendas

# ganas de ir de tiendas

## COMPRAR

de marca, surgió una zona sin comercios que dormitaba como zona aparcamiento y que limitaba en el lado opuesto con el ayuntamiento. Ahora estos dos puntos comerciales se han vuelto a conectar. Solo se han conservado las fachadas históricas de los edificios de oficinas. El resultado son unas excepcionales galerías que combinan los comercios y las oficinas y en las que el renombrado centro de exposiciones Bucerius-Kunstforum también ha encontrado un nuevo espacio. Sin embargo, la atracción principal del proyecto de construcción es el nuevo puente Alsterfleetbrücke que, además, une la avenida Neuer Wall con la Alter Wall y permite el acceso al patio interior del Ayuntamiento de Hamburgo. Así se crea una amplia conexión entre la Neuer Wall y la Jungfernstieg, y la Mönckebergstraße, la Spitalerstraße y la Großer Burstah. Por consiguiente, los hamburgueses no solo podrán disfrutar de un nuevo bulevar, sino también del esplendor renovado de una parte del Hamburgo histórico.

El sistema *shop in shop* de las galerías comerciales es cada vez más frecuente en los grandes almacenes de la ciudad, al igual que en el Alsterhaus de la Jungfernstieg, que el comerciante Oscar Tietz inauguró el 24 de abril de 1912 gracias al capital de su tío Hermann

Tietz («Hertie»). Hoy, dentro del Grupo KaDeWe, el Alsterhaus conforma, junto con el Kaufhaus des Westens de Berlín y el Oberpollinger de Múnich, el triunvirato de los tres mejores grandes almacenes alemanes.

Por supuesto, en Hamburgo existen otros muchos sitios estrella y calles comerciales de primera. No todo se centra en la Neuer Wall, donde, a día de hoy, sobre todo se encuentran tiendas insignia de las marcas internacionales habituales. En las avenidas Eppendorfer Baum y Eppendorfer Landstraße, en la Ottensener Hauptstraße, en las calles laterales de la Reeperbahn en St. Pauli, en los alrededores de la Schulterblatt en el barrio de Schanze o en la Marktstraße en el barrio Karo-Viertel en los pabellones feriales (solo por nombrar algunos paraísos comerciales) numerosos comercios compiten por los clientes: los hay elegantes y con solera, pero también completamente singulares y modernos. Merece la pena darse una vuelta por allí, aunque solo sea por echar un vistazo e inspirarse. Por favor, no se olviden el paraguas en ningún caso.

**Nach der Mönckebergstraße ist die parallel verlaufende Spitalerstraße die am zweitstärksten frequentierte Einkaufsmeile der Stadt.**

Spitalerstrasse is Hamburg's second-busiest shopping street after Mönckebergstrasse, to which it runs parallel.

**Après la Mönckebergstraße, la rue parallèle, la Spitalerstraße, est la deuxième artère commerçante la plus fréquentée de la ville.**

Después de la Mönckebergstraße, la paralela Spitalerstraße es la segunda calle comercial más concurrida de la ciudad.

Die Europa Passage: spektakuläre Architektur,
120 Geschäfte und Restaurants auf 30.000
Quadratmetern, rund 55.000 Besucher am Tag.
The Europa Passage: spectacular architecture,
120 shops and restaurants spread over 30,000 m²,
some 55,000 visitors a day.
L'Europa Passage : une architecture spectaculaire,
120 magasins et restaurants sur 30 000 m² et
environ 55 000 visiteurs par jour.
El Europa Passage: arquitectura espectacular,
120 comercios y restaurantes en 30 000 metros
cuadrados, cerca de 55 000 visitantes cada día.

**Ernst Brendler in der Großen Johannisstraße,
Tropen- und Marineausstatter in fünfter Generation.**
Ernst Brendler on Grosse Johannisstrasse: a fifth-
generation purveyor of tropical and maritime gear.
**Ernst Brendler, dans la rue Große Johannisstraße,
vendeur d'équipements tropicaux et maritimes de
cinquième génération.**
Ernst Brendler en la Großen Johannisstraße: equipamientos
marinos y tropicales desde hace cinco generaciones.

**Die Mellin Passage ist die kleinste und älteste Einkaufspassage Hamburgs.**
The Mellin Passage is Hamburg's smallest and oldest shopping arcade.
**Le Mellin Passage est la plus petite et plus ancienne galerie commerciale de Hambourg.**
Las Mellin Passage son las galerías comerciales más pequeñas y antiguas de Hamburgo.

**In der Poststraße reiht sich Passage an Passage.**

It's one arcade after another on Poststrasse.

**Les galeries commerciales se côtoient dans la rue Poststraße.**

En la Poststraße se suceden las galerías.

**Seit über 50 Jahren feiert die japanische Gemeinde in Hamburg das Kirschblütenfest mit einem spektakulären Feuerwerk über der Alster.**

For more than 50 years, the Japanese community in Hamburg has been celebrating the annual Cherry Blossom Festival with a spectacular firework display above the Alster.

**Depuis plus de 50 ans, la communauté japonaise à Hambourg célèbre la fête des cerisiers en fleur avec un spectaculaire feu d'artifice au-dessus de l'Alster.**

Desde hace más de 50 años, la colonia japonesa de Hamburgo celebra la floración de los cerezos con unos fuegos artificiales espectaculares sobre el Alster.

# unterhaltung

entertainment
divertissements
entretenimiento

Das Leben in Hamburg kann bisweilen auch ganz schön anstrengend sein. Vor allem für so manche Bewohner, die in unmittelbarer Nachbarschaft der Orte leben, wo die vielen Großveranstaltungen eines jeden Jahres über die Bühnen (oder Straßen) gehen. Denn die Kehrseite der strahlend glänzenden Eventmedaille, die sich diese Stadt stolz um den »Michel« hängt, heißt Lärmbelästigung und Behinderungen im Straßenverkehr. Das

# it's showtime!

## UNTERHALTUNG

können vor allem die St. Paulianer »nicht mehr ab« – sogar dann nicht, wenn sie direkt und indirekt von den Einnahmen durch die Gästemassen profitieren. Es sind aber nicht nur der alljährliche Hafengeburtstag Anfang Mai (ca. 1,5 Millionen Gäste), die phonstarken »Harley Days« im Juni, der »Schlagermove« (mehr als 400.000 Gäste) im Juli oder der jeweils vierwöchige Frühjahrs-, Sommer- und Winterdom auf dem Heiligengeistfeld, sondern es ist die ganzjährige »Ballermannisierung« des Kiezes, der an jedem Wochenende zur gigantischen Partyzone und dem Epizentrum der norddeutschen Junggesellenabschiede mutiert. Mittendrin flanieren Musicaltouristen, die nach einer Aufführung in einem der fünf großen Theater der Stadt gern zu einem Reeperbahnbummel starten, wo sie auf die Gäste der »Subkulturmeile Spielbudenplatz« treffen, die 1988 von Corny Littmann mit dem Schmidt Theater begründet wurde. 30 Jahre später ist der Kiez schon ein kleines Vergnügungsimperium, das mit dazu beigetragen hat, das Geschäft mit der käuflichen Liebe zu einer eher folkloristischen An-

gelegenheit zu degradieren. Aber wenn wir einmal ehrlich zu uns selbst sind, dann sind die vielen aufregenden Clubs und Bars und innovativen Restaurants, die sich seit den 1990er-Jahren in den ehemaligen Plüschetablissements und »Gardinenkneipen« eingenistet haben, gar keine so schlechte Alternative zum klassischen »Milieu«.

Nach wie vor ist es sehr verwunderlich, dass der Hamburger Bewerbungsversuch für die Olympischen Sommerspiele 2024 per Referendum im November 2015 im Keim erstickt wurde. Das fanden viele Hamburger schade, aber vielleicht hätten sie sich einfach an der Abstimmung beteiligen sollen.

Doch weder die abgeschmetterten Olympischen Spiele noch die traurige Tatsache, dass zurzeit (seit der Saison 2018/19) kein Hamburger Fußballverein in der Ersten Liga spielt, konnten verhindern, dass die Stadt sich mit einem offiziellen Masterplan als »Global Active City« – als internationale Sportstadt – qualifiziert hat. Der alljährliche Hanse-Marathon und die Cyclassics (die jeweils gut eine halbe Million Zuschauer an die Strecken locken), das Tennisturnier am Hamburger Rothenbaum, wo auch die Beachvolleyball-Major-Serie Station macht, und – relativ frisch im Eventprogramm – die World Triathlon Series sind Top-Events. Sie sind jedoch nur ein Teil des Puzzles, aus dem sich eine Sportmetropole zusammensetzt. Die anderen Teile heißen Leistungssport (am Olympiastützpunkt Dulsberg), Schulsport und natürlich Breitensport: 80 Prozent der Hamburger treiben regelmäßig

Sport, die rund 820 Sportvereine zählen über 600.000 Mitglieder.

Das dritte und sicherlich spektakulärste Standbein der »Eventstadt Hamburg« jedoch ist die Elbphilharmonie. Der 800-Millionen-Euro-Bau an der Kehrwiederspitze markiert nicht nur einen spannenden Entwicklungsschritt für das gesamte Hamburger Musikleben, die Elbphilharmonie (sagen Sie bitte niemals – wirklich niemals – »Elphi«!) soll ja neben dem akustischen Lustgewinn auch als kulturell hochwertiges touristisches Wahrzeichen fungieren. Und so wie es nach einem guten Jahr des laufenden Betriebs aussieht, geht dieser Plan auf. So haben bereits über 4,5 Millionen Menschen den Blick von der Plaza über den Hafen und die Stadt genossen. Das heißt aber auch, dass das Programm in die bestehende Musiklandschaft der Stadt sinnvoll eingegliedert werden muss, um kontraproduktive Konsequenzen für die kulturelle Lebendigkeit und Vielfalt zu verhindern.

Vielleicht wird diese »Gefahr« aber auch nur herbeigeredet: Denken wir nur einmal an RockCity, einen Verband mit bundesweiter Vorbildfunktion, in dem viele Musikschaffende seit mehr als 30 Jahren organisiert sind. Oder denken wir an die Interessengemeinschaft Hamburger Musikwirtschaft, das Reeperbahnfestival, Kampnagel, das Ensemble Resonanz, das Netzwerk Musik von den Elbinseln und an die vielen weiteren Institutionen, die längst ein stabiles Kulturnetzwerk bilden. Und dann sind da auch noch die Hamburger selbst, die es sich nicht nehmen lassen, für den Erhalt des kulturellen Lebens sogar auf die Straße zu gehen. Wie fürs Altonaer Museum.

Living in Hamburg can be stressful sometimes, too, especially for those who reside in direct proximity to the venues (whether on the stage or on the street) that play host to the many major events held each year. After all, noise pollution and traffic restrictions are the other side of the coin to the vibrancy of which the city is so proud. The locals in St. Pauli are particularly 'cheesed off', even though they profit directly and indirectly from the revenues generated by the hordes of visitors. It's not just the annual Port Anniversary in early May (approx. 1.5 million visitors), the ear-splitting Harley Days in June, the 'Schlagermove' parade in July (more than 400,000 visitors), the four-week DOM funfair (which is held three times a year: once in spring, once in summer and once in winter), but also the increasingly rowdy party atmosphere of the *Kiez* [local slang for St. Pauli] all year round, with the area taken over by revellers and stag/hen parties every single weekend. Musical tourists can be found ambling amongst the festivities as they undertake a stroll of the Reeperbahn following a performance at one of the city's five big theatres. On their travels, they encounter the adherents of the subculture scene on Spielbudenplatz, which was first brought to life by Corny Littmann in 1988 when he established the Schmidt Theater. 30 years later, the *Kiez* is now an empire of entertainment that has contributed to relegating the 'oldest trade in the world' to the stuff of folklore. But if we are honest with ourselves, the many exciting clubs and bars and innovative restaurants that have moved into the former velvet-lined houses of pleasure and net curtain-bedecked pubs are a fairly decent alternative to the shadier nightlife that went on before.

It is still surprising that Hamburg's bid to hold the 2024 Summer Olympics was nipped in the bud by a referendum in November 2015. Many residents see it as a shame, but perhaps they should have gone out and voted.

But neither the short shrift given to the Olympic bid nor the sad state of affairs that no Hamburg football team (as of the 2018/2019 season) is playing in the first division of the Bundesliga can disguise the fact that Hamburg has earned the title of Global Active City thanks to an official master plan. The annual Haspa Marathon Hamburg and the EuroEyes CYCLASSICS (each of which attract about half a million spectators), the German Open tennis tournament at Hamburg's Rothenbaum arena, which also plays host to the beach volleyball World Tour Finals, and the World Triathlon Series (which is relatively new to the city), are all top-notch events. However, these are just part of what makes a Global Active City. The other components are elite sport (the Olympic training facility in Dulsberg), school sport and, of course, grass-roots sport. 80 per cent of Hamburg residents do sports regularly, with the city's 820 or so sports clubs boasting more than 600,000 members.

The third and doubtless most spectacular pillar of Hamburg as a 'city of events', however, is the Elbphilharmonie concert hall. The €800 million building on Kehrwiederspitze not only marks an exciting new era for the Hamburg music scene as a whole; the Elbphilharmonie (please never – and we mean never – say 'Elphi') is designed not only to be an acoustic enrichment, but also a highbrow tourist landmark. And the first year or so of live operation indicates that this plan has been a success. For example, more than 4.5 million people have already taken in the view of the city and port from the Plaza. This success also means that the programme has to be sensibly incorporated into the city's existing music scene in order to avoid counterproductive consequences for cultural vibrancy and diversity.

But perhaps this 'risk' is simply something that gets talked up: just think of RockCity, a musicians' association that is a beacon nationwide and that has been supporting its members for more than 30 years. Or consider the Hamburg Music Business Association, the Reeperbahn Festival, Kampnagel, Ensemble Resonanz, the network 'Musik von den Elbinseln' ('music from the Elbe islands') and the many other institutions that have long formed a stable cultural network. And last but not least, the people of Hamburg themselves – who are prepared to take to the streets to preserve the city's cultural diversity. Just as they did with the Altonaer Museum.

# showtime!

## ENTERTAINMENT

La vie hambourgeoise peut parfois être éreintante, surtout pour les riverains des lieux qui accueillent chaque année de grandes manifestations sur leur scène (ou dans la rue). C'est que la scintillante médaille du divertissement qu'arbore la ville a un revers : le bruit et l'encombrement des rues. Les habitants de Sankt-Pauli, surtout, « en ont marre », même s'ils profitent directement ou indirectement des revenus générés par les hordes de touristes. C'est qu'il n'y a pas seulement l'« anniversaire du port », le « Hafengeburtstag », qui a lieu chaque année début mai (environ 1,5 million de visiteurs), les bruyants « Harley Days » en juin et la « Schlagermove », une love parade à la gloire de la variété allemande en juillet (plus de 400 000 personnes) ou la fête foraine, qui s'installe pour quatre semaines au printemps, en été et en hiver sur la grande place du Heiligengeistfeld : les riverains doivent en prime supporter la « beaufisation » permanente de ce qu'on appelle le Kiez, un quartier qui se transforme chaque week-end en un gigantesque espace de fête et en épicentre des enterrements de vie de garçon et de jeune-fille de toute l'Allemagne du Nord. S'y ajoutent également les spectateurs

# que le rideau se lève !

## DIVERTISSEMENTS

des comédies musicales qui, après leur soirée dans l'un des cinq grands théâtres de la ville, flânent sur la Reeperbahn, où ils côtoient les visiteurs du haut lieu de la subculture, le « Schmidt Theater », sur la place Spielbudenplatz, fondé en 1988 par Corny Littmann. 30 ans plus tard, le Kiez s'est mué en un petit empire du divertissement, reléguant partielle-

ment les établissements où l'on exerce le plus vieux métier du monde au rang de folklore. Mais il ne faut pas se mentir : on y gagne plutôt au change avec les nombreux clubs, bars et restaurants innovants qui ont chassé les anciennes maisons de joie et les troquets un peu miteux du monde de la pègre.

On continue à s'étonner que la candidature aux Jeux olympiques de 2024 de Hambourg ait été étouffée dans l'œuf lors du référendum de novembre 2015. Beaucoup de Hambourgeois en ont été déçus... mais peut-être auraient-ils tout simplement dû aller voter.

Ni les rêves de JO brisés, ni le triste fait qu'actuellement (depuis la saison 2018/19), Hambourg n'a plus aucun club de foot en première division n'ont pu empêcher la ville d'être reconnue « Global Active City » ou ville internationale du sport, aboutissement d'un plan stratégique officiel. Le Hanse-Marathon annuel et la course cycliste des Cyclassics (avec plus d'un demi-million de spectateurs chacun), le tournoi de tennis de Hambourg-Rothenbaum, où s'installe également le Beach Volleyball Major Series, et, depuis peu, le World Triathlon Series sont autant d'évènements phares du calendrier sportif. Néanmoins, ces

rendez-vous ne sont qu'une partie du puzzle sportif de la métropole. On a également le volet réservé au sport de haut niveau (avec le centre olympique de Dulsberg), au sport scolaire et, bien sûr, au sport populaire : 80 pour cent des Hambourgeois font régulièrement du sport et les quelque 820 clubs de sport de la ville comptent plus de 600 000 membres.

Mais il ne faut pas oublier un autre pilier de Hambourg en tant que ville évènementielle, et c'est sans doute le plus spectaculaire des trois : l'Elbphilarmonie. Cette construction sur la pointe de la Kehrwiederspitze, qui a coûté 800 millions d'euros, représente plus qu'une simple étape intéressante dans l'évolution de la scène musicale hambourgeoise : en plus d'offrir une acoustique exceptionnelle, l'Elbphilharmonie (ne parlez *surtout pas* d'« Elphi » !) est également appelée à servir d'emblème touristique à grande valeur culturelle. Et plus d'un an après le début de son exploitation, on le voit bien : le pari a été tenu. Plus de 4,5 millions de personnes sont déjà venues admirer la vue du port et de la ville de la plateforme de l'Elbphilharmonie, la « Plaza ». Cependant, il convient également d'intégrer intelligemment le programme de l'Elbphilarmonie dans le paysage musical de la ville pour éviter toute conséquence fâcheuse pour la diversité et le dynamisme culturels hambourgeois.

Mais ce « danger » n'est sans doute qu'une chimère. Qu'on pense à RockCity, une fédération unique à l'échelle nationale et qui regroupe de nombreux artistes de la scène musicale depuis plus de 30 ans, ou citons la Communauté d'intérêt de l'industrie musicale hambourgeoise (« Interessengemeinschaft Hamburger Musikwirtschaft »), le Festival de la Reeperbahn, Kampnagel, l'Ensemble Resonanz, le réseau « Musik von den Elbinseln » et les nombreuses autres institutions qui ont depuis longtemps déjà réussi à mettre en place un tissu culturel pérenne. Les Hambourgeois eux-mêmes sont des acteurs de la vie culturelle, par exemple lorsqu'ils manifestent pour sa préservation, comme cela a été le cas pour le Musée d'Altona.

A veces la vida en Hamburgo puede resultar bastante agotadora. Lo es especialmente para aquellos residentes que viven en las inmediaciones de los lugares donde se celebran los grandes eventos de cada año en los escenarios (o calles). Y es que la contaminación acústica y las restricciones de tráfico son la otra cara de la moneda de estos maravillosos eventos que la ciudad celebra orgullosa en la zona del «Michel». Sobre todo los vecinos de St.Pauli «están hasta las narices», aunque se beneficien, de manera directa o indirecta, de los ingresos que trae consigo la masificación turística. Y es que no solo se da durante el aniversario anual del puerto a principios de mayo (con unos 1,5 millones de visitantes), de los ensordecedores «Harley Days» de junio, del «Schlagermove» (con sus más de 400 000 visitantes) en julio o de las cuatro semanas de feria en primavera, en verano y en invierno, sino también durante las juergas sin límite que se celebran en el barrio durante todo el año, que muta cada fin de semana en una gigantesca zona de fiesta y en epicentro de las despedidas de soltero del norte de Alemania. Por sus calles pasean los turistas de musicales que, tras asistir a un espectáculo en uno de los cinco grandes teatros de la ciudad, disfrutan dándose una vuelta por el Reeperbahn, donde se encuentran con los visitantes de la «milla de subcultura Spielbudenplatz», fundada por Corny Littmann con el Schmidt Theater en 1988. 30 años después, el barrio ya es un pequeño imperio del entretenimiento que ha contribuido a transformar el negocio del sexo en algo más bien folclórico. No obstante y bien mirado, los muchos clubes, bares y restaurantes innovadores que se llevan estableciendo desde los años 90 en los antiguos antros y establecimientos revestidos de rojo no son una mala alternativa al clásico ambiente que predominaba.

No deja de sorprender que en noviembre de 2015 se cortara de raíz mediante referéndum el intento de candidatura de Hamburgo para los Juegos Olímpicos de verano de 2024. Para muchos hamburgueses fue una lástima, pero seguramente tendrían que haber participado en la votación.

Sin embargo, ni el descarte de los Juegos Olímpicos, ni el triste hecho de que ningún equipo de fútbol de Hamburgo juegue en la primera división alemana (desde la temporada 2018/2019) han impedido que la ciudad se haya clasificado como «Global Active City» (ciudad deportiva internacional) con un plan maestro oficial. El Hanse-Marathon anual y la Cyclassics (que atraen respectivamente a más de medio millón de espectadores), el torneo de tenis en el estadio de Am Rothenbaum, donde también tiene cita la Beach Volleyball Major Series y, desde hace muy poco, la World Triathlon Series son eventos de primera. No obstante, son solo una parte del puzle que compone una metrópolis deportiva. Las otras piezas son el deporte de competición (en la base olímpica de Dulsberg), el deporte escolar y, por supuesto, el deporte recreativo: el 80 % de los hamburgueses practica deporte habitualmente y los cerca de 820 clubes deportivos cuentan con más de 600 000 miembros.

Sin embargo, el tercer pilar (y sin duda, el más espectacular de la «ciudad de eventos que es Hamburgo») es la Filarmónica del Elba. La construcción de 800 millones de euros en el extremo de la isla Kehrwieder no solo supone un emocionante avance para toda la vida musical de Hamburgo: la Filarmónica del Elba (por favor, nunca la llamen «Elphi») está pensada no solo para el placer acústico, sino también para operar como punto de referencia turístico de alta calidad cultural. Tras un año en funcionamiento, parece que el plan funciona. Por eso 4,5 millones de personas ya han disfrutado de las vistas desde la Plaza sobre el puerto y la ciudad. Además, su programa debe también integrarse de manera sensata en el panorama musical existente de la ciudad para evitar consecuencias contraproducentes para la vitalidad y la diversidad cultural.

Quizás este riesgo solo sea una profecía que no llegue a cumplirse, sobre todo si pensamos en la RockCity, una asociación que sirve de ejemplo para todo el país y de la que forman

# ¡que empiece el espectáculo!

## ENTRETENIMIENTO

parte muchos creadores musicales desde hace más de 30 años. También tenemos en mente la Interessengemeinschaft Hamburger Musikwirtschaft (la Comunidad de intereses de la música de Hamburgo), el festival Reeperbahn, el Kampnagel, el Ensemble Resonanz, la red de músicos Netzwerk Musik von den Elbinseln y las otras muchas instituciones que desde hace tiempo conforman una red cultural estable. Y luego están los propios hamburgueses, decididos a echarse a la calle para preservar la vida cultural. Como ocurrió por el Museo Altonaer.

**Die Reeperbahn ist mittlerweile mehr Partyzone als Rotlichtviertel.**

The Reeperbahn is now more of a party area than a red-light district.

**La Reeperbahn est désormais plus une zone de fête qu'un quartier chaud.**

La Reeperbahn es ahora más zona de fiesta que barrio rojo.

**Dreimal im Jahr bittet der »Hamburger Dom«
auf dem Heiligengeistfeld zum Fahrvergnügen.**
The Hamburger Dom funfair is held
three times a year on Heiligengeistfeld.
**Trois fois par an, la fête foraine du « Hamburger
Dom » propose ses manèges sur le Heiligengeistfeld.**
La feria «Hamburger Dom» se celebra tres
veces al año en el recinto de Heiligengeistfeld.

**Beim alljährlichen »Schlagermove« tanzen
mehr als 400 000 Besucher über den Kiez.**
At the annual Schlagermove parade, more than
400,000 people dance through St. Pauli.
**Tous les ans, plus de 400 000 personnes
se déhanchent lors de la « Schlagermove ».**
En la fiesta anual «Schlagermove» bailan
en el barrio más de 400 000 personas.

**Sieht aus wie echt: Das Miniatur Wunderland bildet fast die ganze Welt im Maßstab 1 : 87 ab, natürlich auch Hamburg.**

Just like the real thing: Miniatur Wunderland recreates most of the world on a scale of 1:87, including Hamburg, of course.

**Plus vrai que nature : le Miniatur Wunderland propose une reproduction à l'échelle 1/87 du monde entier et bien sûr de Hambourg.**

Parece real: el Miniatur Wunderland reproduce casi el mundo entero a escala 1:87, incluyendo Hamburgo, por supuesto.

**Zwei Tourismusmagneten:** der Museums- und Eventfrachter »Cap San Diego« vor dem »Stage Theater im Hafen«, in dem Disney's »König der Löwen« regiert.

Two tourist magnets: the historical and event ship *Cap San Diego* in front of Theater am Hafen, where Disney's *The Lion King* reigns supreme.

**Deux aimants à touristes :** le cargo-musée événementiel « Cap San Diego » devant le théâtre du port, où règne le « Roi Lion » de Disney.

Dos imanes turísticos: el barco de eventos y museo Cap San Diego delante del Theater im Hafen, donde se interpreta la obra de Disney *El Rey León*.

Das Deutsche Schauspielhaus und das
Thalia Theater zählen zu den bedeutendsten
Sprechbühnen des Landes.
Deutsches Schauspielhaus and Thalia Theater
are two of the country's premier theatres.
Les théâtres Deutsches Schauspielhaus et Thalia
sont parmi les plus importants du pays.
El Deutsche Schauspielhaus y el Thalia Theater se
encuentran entre los teatros más importantes del país.

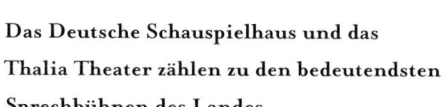

**Der restaurierte Haupteingang der Hamburger Kunsthalle.**
The restored main entrance of the Hamburger Kunsthalle museum.
**L'entrée restaurée du musée d'art de la Kunsthalle.**
La entrada principal restaurada del Kunsthalle.

**Maritime Devotionalien im Altonaer Museum.**
Maritime devotional artefacts at the Altonaer Museum.
**Objets de piété maritimes au Musée d'Altona.**
Objetos devocionales marítimos en el Museo Altonaer.

**Der (angebliche) Schädel des berühmten Piraten Klaus Störtebeker im Museum für Hamburgische Geschichte.**
What is thought to be the skull of legendary pirate Klaus Störtebeker in the Museum für Hamburgische Geschichte (Hamburg history museum).
**Le crâne (présumé) du célèbre pirate Klaus Störtebeker au Musée de l'histoire hambourgeoise.**
El (supuesto) cráneo del famoso pirata Klaus Störtebeker en el museo de historia de Hamburgo.

**Die Arp-Schnitger-Orgel in St. Jacobi (1693) ist die größte in ihrem klingenden Bestand erhaltene Barockorgel norddeutschen Typs.**

The Arp Schnitger organ (1693) in St James' Church is the largest preserved baroque organ with original pipework in the northern German style.

**L'orgue d'Arp Schnitger de l'église Saint-Jacob (1963) est son plus grand orgue baroque de type nord-allemand.**

El órgano de Arp Schnitger de la iglesia de St. Jacobi (1693) es el mayor órgano barroco conservado del tipo del norte de Alemania.

Das KomponistenQuartier in der Peterstraße beherbergt sechs Museen für sieben Komponisten – Carl Philipp Emanuel Bach, Johannes Brahms (kl. Foto rechts), Johann Adolf Hasse, Gustav Mahler, Fanny und Felix Mendelssohn und Georg Philipp Telemann –, die entweder in Hamburg geboren wurden oder mehrere Jahre in der Stadt wirkten.

The 'composers' quarter' on Peterstrasse is home to six museums for seven composers who were either born in Hamburg or who worked in the city for many years – Carl Philipp Emanuel Bach, Johannes Brahms (small photo, right), Johann Adolf Hasse, Gustav Mahler, Fanny and Felix Mendelssohn and Georg Philipp Telemann.

Le quartier des compositeurs, dans la rue Peterstraße, accueille six musées consacrés à six créateurs de renommée internationale : Carl Philipp Emanuel Bach, Johannes Brahms (petite photo à droite), Johann Adolf Hasse, Gustav Mahler, Fanny et Felix Mendelssohn et Georg Philipp Telemann, tous nés ou ayant travaillé à Hambourg pendant des années.

El barrio Komponistenquartier de la Peterstraße alberga seis museos dedicados a siete compositores que nacieron o trabajaron varios años en Hamburgo: Carl Philipp Emanuel Bach, Johannes Brahms (imagen de la derecha), Johann Adolf Hasse, Gustav Mahler, Fanny y Felix Mendelssohn, y Georg Philipp Telemann.

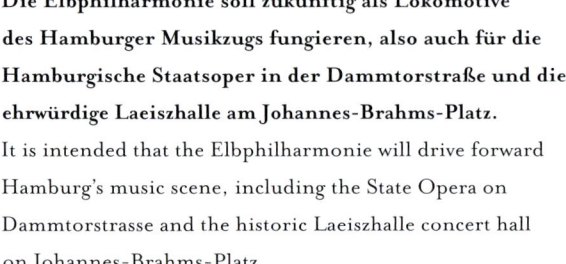

**Die Elbphilharmonie soll zukünftig als Lokomotive
des Hamburger Musikzugs fungieren, also auch für die
Hamburgische Staatsoper in der Dammtorstraße und die
ehrwürdige Laeiszhalle am Johannes-Brahms-Platz.**

It is intended that the Elbphilharmonie will drive forward
Hamburg's music scene, including the State Opera on
Dammtorstrasse and the historic Laeiszhalle concert hall
on Johannes-Brahms-Platz.

**L'Elbphilarmonie est appelée à jouer le rôle de fer de lance
de la scène musicale hambourgeoise, y compris pour l'opéra
de la Dammtorstraße et la vénérable salle de la Laeiszhalle
de la Johannes-Brahms-Platz.**

En el futuro, la Filarmónica del Elba funcionará como motor
de la escena musical hamburguesa, incluyendo también a la
Ópera Estatal de Hamburgo de la Dammtorstraße y al venerable
Laeiszhalle de la plaza Johannes-Brahms.

**Hamburg versteht sich als »Active City«. Dazu gehören namhafte, wiederkehrende Sport-Events wie der Hamburg-Marathon, das Horner Galoppderby, die »Cyclassics« und der Hamburg Wasser World Triathlon.**
Hamburg is an Active City, hosting prestigious and regular sporting events such as the Hamburg Marathon, the German Derby, Cyclassics and the Hamburg Wasser World Triathlon.
**Hambourg se veut une « ville active », comme avec les nombreux évènements sportifs réguliers comme le marathon de Hambourg, le derby du Horner Galopp, les « Cyclassics » et le Hamburg Wasser World Triathlon**
Hamburgo se considera a sí misma una «Active City». Esto incluye eventos deportivos recurrentes y muy conocidos como el maratón de Hamburgo, el derbi hípico de Hamburgo-Horn, la Cyclassics y la el Hamburg Wasser World Triathlon.

**Der Lichthof der Staats- und Universitätsbibliothek Hamburg Carl von Ossietzky.**

The atrium of the Carl von Ossietzky State and University Library Hamburg.

**L'atrium de la bibliothèque d'État et universitaire Carl von Ossietzky.**

El patio de luces de la Biblioteca Estatal y Universitaria Carl von Ossietzky de Hamburgo.

# wissenschaft

science
recherche
ciencia

Es war zwar ein geräuschloser, aber ein wichtiger Akt für die Freie und Hansestadt Hamburg, als am 1. Januar 2018 zwei etablierte Hamburger Forschungseinrichtungen in die Fraunhofer-Gesellschaft integriert wurden, eine der größten Organisationen für angewandte Forschungs- und Entwicklungsdienstleistungen in Europa und damit der wichtigste Teil der deutschen Forschungslandschaft. Dabei handelte es sich um das Laser Zentrum Nord (LZN) und um das Centrum für angewandte Nanotechnologie (CAN).

Lange hatte sich Hamburg schwergetan, als internationaler Forschungsstandort weltweite Beachtung, geschweige denn Anerkennung zu finden. Immerhin wurde auf dem Bergedorfer Gojenberg seit 1909 regelmäßig der Himmel beobachtet – in der historischen Sternwarte wird von Studenten und Professoren der Universität Hamburg bis heute astronomische und astrophysikalische Grundlagenforschung betrieben, auch wenn ihr Standort im Vergleich

es reicht vielleicht, zu wissen, dass das DESY wichtig ist, um die Entstehung des Universums irgendwann einmal wirklich lückenlos erklären zu können.

Mit der Eröffnung der Technischen Universität Hamburg im Jahre 1978, kurz TUHH genannt, kam dann noch mehr Bewegung in die Hamburger Wissenschaftsszene. Rund 7.800 Studenten, rund ein Fünftel von ihnen aus dem Ausland, studieren und forschen hier praxisorientiert nach Themenschwerpunkten, denn Fakultäten gibt es nicht. Die Nähe der Uni zum Meer, zum Hafen und zum Flugzeughersteller Airbus im benachbarten Finkenwerder schlägt sich im Fächerangebot nieder. Am Institut für Mechanik und Meeresforschung werden zum Beispiel Unterwasserdrohnen entwickelt, die autark die Wasserqualität von Häfen, Binnengewässern oder im offenen Meer messen können. Die TUHH ist zwar im deutschen Vergleich eine relativ kleine Universität, aber sie gilt unter den Studenten

die Vernetzung der verschiedenen Fachrichtungen untereinander ausgebaut werden. Der Campus an der Bundesstraße, wo die Max-Planck-Gesellschaft Klimaforschung betreibt, oder der medizinische Forschungscampus des Universitätsklinikums Eppendorf gelten als renommierte Einrichtungen – aber eben nicht mehr nur für sich allein. Weltweit wächst die Bedeutung des Transfers von Innovationen, Ideen, Wissen und neuen Technologien, auch von der Wissenschaft in die Gesellschaft.

Beim Heftpflaster und dem Tesafilm, dem Schnuller, den Schwimmflügeln, dem klecksfreien Tintenfüller oder der Chipkarte war das sicherlich einfacher. Dabei handelt es sich übrigens um Erfindungen made in Hamburg.

# hamburg forscht

WISSENSCHAFT

zu den modernen Superteleskopen in Chile, auf La Palma, auf Hawaii oder in Arizona eher bescheidene Blicke ins Universum zulässt.

1959 gelang es dem damaligen Ersten Bürgermeister Max Brauer, das Deutsche Elektronen-Synchrotron (DESY) nach Hamburg zu locken, ein Zentrum für naturwissenschaftliche Grundlagenforschung bei der Entwicklung, dem Bau und dem Betrieb von Teilchenbeschleunigern, für Teilchenphysik und für die Photonenforschung. Zwar können nur relativ wenige Menschen die Geheimnisse der experimentellen Physik verstehen, aber

als »knallhart«. Überdies ist sie exzellent ausgestattet: So ist beispielsweise im Labor des Instituts für Produktionsentwicklung und Konstruktionstechnik ein sogenannter Hexapod im Einsatz. Diese Prüfanlage kostete rund 3,6 Millionen Euro. Damit lassen sich Vibrationen von Flugzeugen und Schiffen unter Extremsituationen simulieren und Bauteile sowie Material testen.

Aber auch der Politik ist klar, dass jeder Wissenschaftsstandort nur so gut ist wie die Menschen, die an ihm forschen. Will man die nach Hamburg locken, muss vor allem

It was a quiet yet significant act for the Free and Hanseatic City of Hamburg when, on 1 January 2018, two of the city's most established research institutions were incorporated into Fraunhofer, one of Europe's largest applied research and development organisations and therefore a vital part of Germany's research landscape. The two institutions in question were Laser Zentrum Nord (LZN) and the Center for Applied Nanotechnology (CAN).

Hamburg had long struggled to achieve global attention, let alone recognition, as an international research centre. Even so, regular observations of the sky have been performed at the Gojenberg site in Bergedorf since 1909. Indeed, students and academics from the University of Hamburg still carry out fundamental astronomical and astrophysical research from the historic observatory today, even though it offers a less spectacular view of the universe than the state-of-the-art super telescopes in Chile, on the island of La Palma, in Hawaii and in Arizona.

In 1959, the then First Mayor, Max Brauer, managed to attract Deutsches Elektronen-Synchrotron (DESY) – a scientific research centre that specialises in the development, construction and operation of particle accelerators as well as particle physics and photon research – to Hamburg. Although only a relatively small number of people grasp the mysteries of experimental physics, it is perhaps sufficient to know that DESY is important in terms of humanity's quest to fully understand the universe one day.

The establishment of the Hamburg University of Technology (TUHH) in 1978 boosted the vibrancy of the city's scientific community still further. The University's 7,800 or so students, roughly a fifth of whom come from abroad, carry out practical study and research in various specialist areas, as there are no faculties as such. The proximity of TUHH to the sea, the port and aircraft manufacturer Airbus (which operates a site in the neighbouring district of Finkenwerder) is reflected in the range of subjects on offer. At the Institute of Mech-

anics and Ocean Engineering, for instance, underwater drones are being developed that are capable of autonomously measuring the water quality of ports, inland bodies of water and the open sea. Although TUHH is a relatively small university when compared with other institutions in Germany, it has a reputation for rigour amongst students. It also boasts state-of-the-art equipment: the laboratory of the Institute of Product Development and

# research in hamburg

## SCIENCE

Mechanical Engineering Design, for example, includes a €3.6 million hexapod. This makes it possible to simulate the vibrations of aircraft/ships under extreme conditions and test components and materials.

However, politicians are clear that any research location is only as good as the people that conduct research there. In order to attract talented people to Hamburg, it is especially important to strengthen networking between the various disciplines. The campus on Bundesstrasse, where the Max Planck Institute for Meteorology performs climate research, and the medical research campus at the University Medical Center Hamburg-Eppendorf (UKE) are prestigious institutions, but no longer operate on a stand-alone basis. Globally, the transfer of innovations, ideas, knowledge and cutting-edge technologies (including from the scientific community into society at large) is growing in importance.

This was no doubt easier when it came to the sticking plaster, Tesafilm tape, the baby's dummy, water wings, the non-drip fountain pen and the smart card. That's because all these inventions hail from Hamburg.

L'évènement fut discret, mais capital pour la Ville libre et hanséatique de Hambourg : le 1er janvier 2018, deux instituts de recherche hambourgeois bien établis ont été admis au sein de la Fraunhofer-Gesellschaft, l'une de plus grandes organisations de sciences appliquées et de services de développement en Europe et ainsi un élément clé du paysage de la recherche allemande. Ces deux instituts étaient le Laser Zentrum Nord (LZN) et le Centrum für angewandte Nanotechnologie (CAN).

Longtemps, Hambourg a eu du mal à se faire remarquer et encore plus à se faire sa place sur la scène de la recherche internationale. Néanmoins, sur la colline du Gojenberg, dans le quartier de Bergedorf, on observe le ciel depuis 1909 ; dans son observatoire historique, des étudiants et des professeurs de l'Université de Hambourg continuent à faire progresser la recherche fondamentale dans le domaine de l'astronomie et de l'astrophysique, même si leur infrastructure ne permet qu'une modeste vue de l'univers par rapport aux supertélescopes du Chili, de La Palma, d'Hawaï ou de l'Arizona.

En 1959, le Premier maire de l'époque, Max Brauer, a réussi à obtenir l'installation du synchrotron allemand à électrons (DESY) à

que le DESY a son importance si l'on veut un jour comprendre la naissance de l'univers dans ses détails.

L'ouverture de l'Université technique de Hamburg (TUHH) en 1978 a continué à dynamiser le monde de la recherche hambourgeois. Près de 7 800 étudiants, dont un cinquième environ vient de l'étranger, font des études et des recherches pratiques. Point de facultés : les disciplines sont organisées sous forme d'axes thématiques. La proximité de la mer, du port et du constructeur aéronautique Airbus à Finkenwerder se reflète elle aussi dans les cursus proposés. L'Institut de mécanique et de recherche marine, par exemple, met au point des drones sous-marins capables de mesurer en autarcie la qualité de l'eau des ports, des eaux intérieures et de la pleine mer. À l'échelle allemande, la TUHH est relativement petite, mais pour ses étudiants, le niveau est considéré comme « costaud ». Elle dispose en outre d'excellents équipements. L'Institut du développement de la production et des technologies de construction, par exemple, a ce qu'on appelle un robot parallèle, un dispositif d'essai qui a coûté quelque 3,6 millions d'euros. Il permet par exemple de simuler les vibrations d'avions et de navires dans des

surtout travailler sur l'interdisciplinarité. Le campus de la Bundesstraße, où les scientifiques de la Société Max Planck planchent sur la climatologie, ou le campus de recherche médicale du centre hospitalier universitaire d'Eppendorf (UKE) sont certes des instituts de renom, mais ils ne travaillent plus seuls. Partout dans le monde, l'heure est au transfert d'innovations, d'idées, de savoirs et de nouvelles technologies et ce principe vaut aussi pour les transferts entre le monde de la recherche et la société.

Dans le cas du sparadrap, du ruban adhésif, de la tétine, des brassards de natation, du stylo à encre qui ne coule pas ou de la carte à puce, il n'a pas été difficile de faire accepter ces inventions. D'ailleurs, elles sont toutes « made in Hamburg ».

# la recherche hambourgeoise

## SCIENCE

Hambourg. Ce centre de recherche fondamentale en sciences naturelles développe, construit et exploite des accélérateurs de particules pour le domaine de la physique des particules et la recherche avec les photons. Certes, peu de gens comprennent les secrets de la physique expérimentale, mais il suffit peut-être de savoir

conditions extrêmes et de tester matériaux et composants.

Néanmoins, même les responsables politiques se rendent compte que la qualité d'un site de recherche tient essentiellement au niveau de ses chercheurs. Si l'on veut attirer les grands chercheurs à Hambourg, il va falloir

Fue un hecho discreto pero importante para la Ciudad Libre y Hanseática de Hamburgo que, el 1 de enero de 2018, dos instituciones de investigación establecidas en Hamburgo se integraran en la Fraunhofer-Gesellschaft, una de las mayores organizaciones de servicios de investigación aplicada y desarrollo de Europa y, por lo tanto, el elemento más importante del panorama de investigación alemán. Eran el Laser Zentrum Nord (LZN) y el Centrum für angewandte Nanotechnologie (CAN).

Durante algún tiempo, Hamburgo estaba teniendo dificultades para obtener atención internacional como lugar de investigación, por no hablar de reconocimiento. Pese a todo, no podemos olvidar que, aunque su ubicación permite vistas bastante modestas del universo en comparación con los modernos supertelescopios de Chile, La Palma, Hawái o Arizona, el cielo se lleva observando regularmente en el Observatorio de Hamburgo-Bergedorf desde 1909; estudiantes y profesores de la Universidad de Hamburgo se dedican a la investigación básica astronómica y astrofísica en este observatorio histórico.

En 1959, el entonces alcalde Max Brauer consiguió que se instalara en Hamburgo el Deutsche Elektronen-Synchrotron (DESY), un centro de investigación científica básica para el desarrollo, la construcción y la operación de aceleradores de partículas, para física de partículas y para fotónica. Aunque relativamente pocas personas pueden entender los secretos de la física experimental, quizás baste con saber que DESY es importante para poder explicar el origen del universo sin dejar cabos sueltos.

Con la inauguración de la Universidad Técnica de Hamburgo (TUHH) en 1978, se dio un impulso adicional al panorama científico de la ciudad. Cerca de 7800 estudiantes, casi una quinta parte de ellos procedentes del extranjero, estudian e investigan aquí aprovechando su enfoque práctico centrado en las ingenierías y ciencias. La proximidad de la universidad al mar, al puerto y al constructor aeronáutico Airbus en el barrio colindante de Finkenwerder se refleja en la oferta de asignaturas. En el Instituto de Mecánica y Oceanografía, por ejemplo, se desarrollan drones submarinos que pueden medir la calidad del agua en puertos, en aguas continentales y en mar abierto de forma autónoma. A pesar de que la TUHH es una universidad bastante pequeña en relación con otras alemanas, los estudiantes

# hamburgo investiga

## CIENCIA

la consideran «muy dura». Además, está magníficamente equipada: por ejemplo, en el laboratorio del Instituto para Desarrollo de Producción y Tecnología de Construcción se utiliza un robot hexápodo. Este dispositivo experimental costó 3,6 millones de euros aproximadamente. Con él se pueden simular las vibraciones de los aviones y barcos en condiciones extremas y probar piezas de construcción y materiales.

No obstante, los políticos también tienen claro que si un centro científico es bueno, se debe a las personas que investigan en él. Si se las quiere atraer a Hamburgo, sobre todo hay que conectar entre sí las diferentes disciplinas. El campus de la Bundesstraße, donde la Sociedad Max Planck dirige la investigación sobre climatología, o el campus de investigación médica del Hospital Universitario de Eppendorf, son considerados instituciones de renombre, pero ya no solo por ellos mismos. A nivel mundial crece la importancia de la transferencia de innovaciones, ideas, conocimiento y nuevas tecnologías, incluso de la ciencia a la sociedad.

Seguro que fue más sencillo con el esparadrapo, el papel celo, el chupete, los manguitos, las plumas estilográficas que no manchan o la tarjeta con chip. Por cierto, todos ellos fueron inventos *made in Hamburg*.

**Seit 1909 schauen die Astronomen von der Bergedorfer Sternwarte auf dem Gojenberg aus ins Universum.**
Since 1909, astronomers have been gazing into the universe from the observatory at Gojenberg in Bergedorf.
**Depuis 1909, les astronomes observent l'univers de l'observatoire du Gojenberg à Bergedorf.**
Los astrónomos del Observatorio de Bergedorf en Gojenberg estudian el universo desde 1909.

**Das Planetarium im Hamburger Stadtpark (1930) ist eines der ältesten Sternentheater der Welt.**
The Planetarium (1930) in the Stadtpark is one of the oldest in the world.
**Le planétarium du « Stadtpark » de Hambourg (1930) est l'un des plus anciens « théâtres des étoiles » au monde.**
El planetario del Hamburger Stadtpark (1930) es uno de los más antiguos del mundo.

**Das Deutsche Elektronen-Synchroton DESY mit Sitz in Hamburg-Bahrenfeld ist bereits seit den 60er Jahren ein Forschungszentrum für naturwissenschaftliche Grundlagenforschung von Weltruf.**

DESY (Deutsches Elektronen-Synchrotron), based in Hamburg-Bahrenfeld, has been a world-renowned scientific research centre since the 1960s.

**Le synchrotron allemand à électrons (DESY), situé à Hambourg-Bahrenfeld, est un centre de renom dans le domaine de la recherche fondamentale en sciences naturelles depuis les années 1960.**

El Deutsche Elektronen-Synchrotron (DESY), situado en Hamburgo-Bahrenfeld, es desde los años 60 un centro de investigación científica básica de fama mundial.

**Der European XFEL ist eine internationale Röntgenlaser-Forschungseinrichtung. Mit der 3,4 Kilometer langen unterirdischen Anlage können dreidimensionale Detailaufnahmen von Molekülen, Zellen, Viren und chemischen Reaktionen gemacht werden.**

The European XFEL is an international research centre for X-ray flashes. The 3.4-kilometre-long underground facility enables detailed 3D images of molecules, cells, viruses and chemical reactions.

**Le laser européen à électrons libres et à rayons X (« European XFEL ») est un centre de recherche international sur le laser à rayons X. Ses installations souterraines de 3,4 km de longueur permettent de visualiser en 3D et en détail les molécules, cellules, virus et réactions chimiques.**

El European XFEL es un centro internacional para la investigación con láser de rayos X. Con la planta subterránea de 3,4 kilómetros de longitud se pueden realizar grabaciones tridimensionales detalladas de moléculas, células, virus y reacciones químicas.

**Die alte Pathologie auf dem Gelände des Universitätskrankenhauses Eppendorf ist in einem klassischen Fritz-Schumacher-Bau untergebracht und ist heute Teil des Medizinhistorischen Museums.**

The former pathology department on the premises of University Medical Center Hamburg-Eppendorf (UKE) is a classic Fritz Schumacher design and is now part of the Museum of Medical History.

**L'ancien laboratoire de pathologie, sur le site du centre hospitalier universitaire d'Eppendorf, est situé dans un bâtiment typique de Fritz Schumacher et fait désormais partie du Musée de l'histoire médicale.**

El antiguo Instituto de Patología del recinto del Hospital Universitario de Eppendorf se ha trasladado a un edificio clásico de Fritz Schumacher y hoy forma parte del Museo de Historia de la Medicina.

**Die Universität Hamburg bietet rund 170 verschiedene Studiengänge an. Über 42.000 Studenten schreiben sich jährlich ein.**

The University of Hamburg offers some 170 different degree courses, with more than 42,000 students enrolling each year.

**L'Université de Hambourg propose quelque 170 cursus. Chaque année, plus de 42 000 étudiants s'y inscrivent.**

La Universidad de Hamburgo ofrece alrededor de 170 carreras diferentes. Cada año se matriculan más de 42 000 estudiantes.

**Die Technische Universität Hamburg genießt Weltruf.**
Hamburg University of Technology (TUHH) is globally renowned.
**L'Université technique de Hamburg a une renommée internationale.**
La Universidad Técnica de Hamburgo goza de fama mundial.

**An der Hochschule für Angewandte Wissenschaften Hamburg**
**werden nachhaltige Lösungen für die gesellschaftlichen**
**Herausforderungen von Gegenwart und Zukunft entwickelt.**
At Hamburg University of Applied Sciences, sustainable solutions
are developed for the social challenges of today and tomorrow.
**L'Université des sciences appliquées met au point des**
**solutions pérennes aux défis sociaux du présent et du futur.**
En la Escuela Superior de Ciencias Aplicadas se desarrollan soluciones
sostenibles para los desafíos sociales del presente y del futuro.

**Die HafenCity Universität Hamburg ist eine**
**Fakultät für Baukunst und Raumentwicklung.**
HafenCity Universität Hamburg specialises
in architecture and urban development.
**L'Université de la HafenCity de Hambourg**
**est une faculté d'architecture et d'urbanisme.**
La HafenCity Universität Hamburg es una
facultad de arquitectura y desarrollo espacial.

**Eine von Hamburgs beliebtesten Gastromeilen ist das Portugiesenviertel am Baumwall.**

One of Hamburg's most popular eating-out districts is the 'Portuguese Quarter', just off Baumwall.

**Le quartier portugais, à Baumwall, est l'un des lieux de la restauration les plus populaires de Hambourg.**

Una de las «zonas gastronómicas» preferidas en Hamburgo es el Portugiesenviertel, que se encuentra junto al Baumwall.

# gastronomie

food and drink
gastronomie
gastronomía

Wenn man ehrlich ist, muss man selbst als eingefleischter (sic!) Hanseat zugeben, dass es sich bei der Hamburger Küche um eine eher pragmatisch geprägte Kochkunst handelt. »Hamburg ist ein schneller Hafen«, hieß es seit der Jahrhundertwende, und dementsprechend wurden möglichst nahrhafte und günstige Speisen aufgetischt – wie die »Aalsuppe«, eine aus Schinkenknochen und Gemüseresten zubereitete klare Suppe, in der Aal eigentlich nichts zu suchen hat, in die laut Legende aber »allens rinkümmt«, was die Küche so hergibt. Oder man nehme »Labskaus«, das Seemannsgericht, ein hellrosafarbener Brei aus

die bereits im Jahre 1842 in einem amerikanischen Kochbuch als »Hamburger Steak« auftauchte. Ja, und auch die Weißwurst und die Currywurst sind erstmals zwischen Alster und Elbe kreiert worden. Sollen die Münchner und Berliner ruhig widersprechen!

Doch die kulinarischen Hamburgensien sind rar geworden. »Cölln's Austernstube«, die 1833 aus einem Fischhandel hervorgegangen ist, heißt jetzt »Cölln's Mutterland«. Der moderne Hamburger Lebensmittelhändler »Mutterland«, der sich ganz und gar den deutschen Delikatessen verschrieben hat, führt diese Institution in der Straße Brodschrangen

sich seit 1981 im Besitz der Familie Kowalke befindet und dank gleichbleibend hoher Qualität und dem unaufdringlichen Service die Gallionsfigur der angesagten »Fressmeile« am nördlichen Elbufer darstellt; dort, wo sich viele der besten Restaurants der Stadt erfolgreich angesiedelt haben. Und ganz gleich, ob es sich um das Zwei-Sterne-Restaurant »Haerlin« im Fairmont Hotel Vier Jahreszeiten (Küchenchef: Christoph Rüffer) handelt oder das »Louis C. Jacob« mit dem Zwei-Sterne-Chefkoch Thomas Martin oder das »Landhaus Scherrer« mit dem »Altmeister« Heinz O. Wehmann am Herd oder das Hotel auf dem Süllberg, in dem Karlheinz Hauser (zwei Sterne) gleich mehrere verschiedene Gaststätten betreibt, oder Kevin Fehlings Restaurant »The Table« in der HafenCity (zurzeit das einzige Drei-Sterne-Restaurant in einer deutschen Metropole): Frische Ware aus der Region und heimische Küche, die mit exotischen, sehr gern fernöstlichen Zutaten, »neu interpretiert« wird, sind kein kurzlebiger Trend. Kevin Fehlings Kochphilosophie darf getrost als allgemeingültiges Credo verstanden werden: »Deutsche Perfektion, französische Tradition, spanische Avantgarde, italienische Leidenschaft, japanische Demut.«

# so isst hamburg

## GASTRONOMIE

Pökelfleisch, Roter Bete und Kartoffeln, mit Spiegelei und Gewürzgurke, mit oder ohne Hering serviert. Und wenn es an den Tischen der Kaufmannsfamilien dann doch mal feiner wurde, stand »Hamburger Stubenküken« auf dem Speiseplan.

Allerdings sind aus Hamburger Küchen auch ein paar kulinarische Erfindungen in die Welt hinausgegangen. Zum Beispiel der »Hamburger«, um dessen Entstehung sich ebenfalls so manche Legende rankt. Wahrscheinlich ist, dass es sich beim »Urburger« um eine seemännische Weiterentwicklung des »Rundstücks warm« handelte, einer ordentlichen Scheibe Rinder- oder Schweinebraten zwischen zwei Brötchenhälften, was es den Matrosen an Deck ermöglichte, gleichzeitig zu arbeiten und zu essen. Kombiniert man diese Erfindung mit der Entdeckung, dass leicht verderbliches Hackfleisch gebraten besser als roh schmeckt, sind wir schon bei der Frikadelle,

weiter. Die Hamburger – im Besonderen die Prominenz und die feine Gesellschaft der Stadt – mochten das »Cölln's« nicht nur wegen des »typisch hanseatischen Essens« (bei nur einem Fleischgericht), der glibberigen Schalentierchen und der rund 30.000 handbemalten Fliesen an den Wänden – selbstverständlich denkmalgeschützt –, sondern weil es sich auch dank seiner Separees für diskrete Gespräche geschäftlicher und politischer Natur hervorragend eignete. Jetzt werden neben Austern dort auch Büffelmozzarella und Königsberger Klopse serviert.

An dieser Institution ist recht gut abzulesen, in welche Richtung sich die Hamburger Restaurantszene seit einigen Jahren bewegt – nach vorn. Der Begriff »gediegen« ist zwar nach wie vor gültig, doch die Bastionen hanseatischer Gastfreundschaft wurden kräftig entstaubt. Dazu zählt das »Fischereihafen Restaurant« an der Großen Elbstraße, das

Hamburg mischt kulinarisch – jetzt mal ganz unbescheiden unhanseatisch – tatsächlich längst in der deutschen Spitze mit. Dafür haben auch die vielen Fernsehköche gesorgt, die sich in der Hansestadt tummeln – Cornelia Poletto, Tim Mälzer, Steffen Henssler oder Christian Rach, denen es mit missionarischem Eifer immer wieder gelingt, reine Sattesser in feinsinnige Gourmets mit einer Wertschätzung für gutes und gesundes Essen zu verwandeln.

Even the most ardent *Hanseaten* have to admit that Hamburg's cuisine is more functional than spectacular. The fast-paced life in the city since the turn of the century resulted in the serving of food that was as nutritious and cheap as possible. Take 'eel soup': a clear soup made with ham bones and leftover vegetables; although eel doesn't really belong in the recipe, legend has it that whatever is lying around in the kitchen will be thrown in. Or *Labskaus*, a seaman's dish comprising a pink hash made with cured meat, beetroot and potatoes, served with fried egg and gherkins (either with or without herring). And when the mercantile families of Hamburg wished to dine a little finer, *Hamburger Stubenküken* [Hamburg-style spring chicken] would be served.

Nonetheless, Hamburg has given the world a few culinary gifts. One of these is the hamburger, the history of which is shrouded in myth and legend. One likely explanation is that the forerunner of the first burger was a maritime dish called *Rundstück warm*, a hearty slice of roast beef or pork between two halves of a bread roll, enabling the sailors on deck to carry on working as they ate. When this 'invention' is combined with the discovery that easily perishable minced meat tastes better fried than raw, we come to the *Frikadelle*, which was described as 'Hamburg steak' in an American cookbook dated 1842. And by the way, the *Weisswurst* and *Currywurst* sausage specialities were both invented in Hamburg, whatever the people of Munich and Berlin have to say.

But original Hamburg eateries have become scarce. 'Cölln's Austernstube' ('Cölln's Oyster House'), which grew from a fishmonger's in 1833, now trades as 'Cölln's Mutterland'. The modern-day, Hamburg-based grocery chain Mutterland, which has specialised in German fine foods, is carrying on this institution on the street called Brodschrangen. The people of Hamburg – especially prominent figures and the city's high society – were not only enamoured with 'Cölln's' on account of the typically Hanseatic cuisine (with just one meat dish), the fresh shellfish and the 30,000 or so hand-painted tiles adorning the walls (now listed, of course), but also because its private rooms were ideal for discreet political and business conversations. Nowadays, oysters share the menu with buffalo mozzarella and *Königsberger Klopse* meatballs.

This local institution is a fine example of how the city's restaurant scene has come on in

# hamburg cuisine

## FOOD AND DRINK

the past few years, namely in leaps and bounds. Whilst they are still as tasteful as ever, the bastions of Hanseatic hospitality have seen the cobwebs blown away. This includes Fischereihafen Restaurant on Grosse Elbstrasse, which has been in the hands of the Kowalke family since 1981. Thanks to peerless quality and the unobtrusive service, it has become the leading light of the hip dining-out quarter on the northern bank of the river Elbe, where many of the city's best restaurants have successfully made their home. And regardless of whether at Restaurant Haerlin (two Michelin stars) at Fairmont Hotel Vier Jahreszeiten (head chef: Christoph Rüffer), the Louis C. Jacob (where head chef Thomas Martin has two Michelin stars to his name), Landhaus Scherrer, where 'old master' Heinz O. Wehmann rustles up the culinary delights, Hotel Süllberg, where Karlheinz Hauser (two Michelin stars) runs several restaurants, or Kevin Fehling's The Table in the HafenCity (three Michelin stars): the trend of reinterpreting fresh, regional produce using exotic, often East Asian, ingredients is here to stay. It can be safely said that Kevin Fehling's culinary philosophy has a universal value: 'German perfectionism, French tradition, Spanish avant-garde, Italian passion, Japanese humility.'

Let's abandon Hanseatic modesty for a second to point out that Hamburg has long been one of Germany's very finest culinary cities. Much of the credit here goes to the many 'TV chefs' who live and work in the city, such as Cornelia Poletto, Tim Mälzer, Steffen Henssler and Christian Rach. With their missionary zeal, they have repeatedly transformed culinary philistines into sophisticated gourmets with an appreciation for high-quality and healthy food.

Soyons honnêtes : même en tant que véritable Hambourgeois, il faut admettre que la cuisine locale se distingue essentiellement par son pragmatisme. « Hambourg est un port rapide », affirmait-on depuis le début du XXᵉ siècle, et c'est pourquoi les plats servis devaient être aussi nourrissants et économiques que possible. C'est le cas de la « Aalsuppe », la « soupe à l'anguille », un bouillon fait à partir d'os de jambon et de restes de légumes qui ne contient d'ailleurs pas le moindre morceau d'anguille, mais, comme le veut la légende, un peu de tout ce qu'on a pu trouver en cuisine. Il y a aussi le « Labskaus », ce plat de marin avec une purée rose clair composée de viande saumurée, de betterave rouge et de pommes de terre, couronnée d'un œuf au plat et de cornichons et servie avec ou sans hareng. Et quand les familles marchandes festoyaient, on servait en revanche du coquelet à la hambourgeoise (« Hamburger Stubenküken »).

Néanmoins, d'autres créations culinaires hanséatiques ont su conquérir le monde. C'est le cas du hamburger, dont la naissance fait l'objet de diverses légendes. Il est probable que le hamburger d'origine était une version modifiée du « Rundstück warm », une bonne

nom de « steak hambourgeois ». Le boudin blanc (« Weißwurst ») et la « Currywurst » (saucisse épicée) sont eux aussi des créations nées sur les bords de l'Elbe et de l'Alster. Peu importe ce qu'en disent les Munichois et les Berlinois !

Cependant, les hauts lieux culinaires typiquement hambourgeois sont devenus rares. Le « Cölln's Austernstube », qu'on aurait qualifié aujourd'hui de « bar à huîtres », a été créé en 1833 à partir d'un restaurant à poisson et a depuis pris le nom de « Cölln's Mutterland ». Mutterland, un marchand de produits alimentaires hambourgeois qui s'est spécialisé dans l'épicerie fine allemande, a repris cette institution de la rue Brodschrangen. Les Hambourgeois, et notamment le gratin de la ville et la haute société, adoraient le « Cölln's » pour ses « plats typiquement hanséatiques » (un seul plat à base de viande), ses crustacés gluants et ses quelque 30 000 carreaux muraux peints à la main (classés monument historique, évidemment), mais aussi pour ses espaces privatifs particulièrement propices aux échanges discrets de nature commerciale ou politique. Aujourd'hui, la mozzarella de bufflonne et les Königsberger Klopse (boulettes de viandes

hafen Restaurant » de la rue Große Elbstraße, qui est détenu par la famille Kowalke depuis 1981. Grâce à la qualité toujours excellente de sa cuisine et à son service discret, il reste une figure de proue de l'avenue de la gastronomie sur la rive nord de l'Elbe, où s'est installé un certain nombre des meilleurs établissements de la ville. Qu'on entre dans le « Haerlin », le restaurant deux étoiles du Fairmont Hotel Vier Jahreszeiten (dont le chef cuisinier est Christoph Rüffer), ou dans le « Louis C. Jacob », où officie Thomas Martin, star doublement étoilée, dans le « Landhaus Scherrer », chez qui le doyen Heinz O. Wehmann est aux fourneaux, dans l'Hotel auf dem Süllberg, où Karlheinz Hauser (deux étoiles) a plusieurs établissements, ou encore dans le restaurant « The Table » de Kevin Fehling, dans la HafenCity (actuellement le seul restaurant à trois étoiles de la métropole), on note une tendance durable : le mélange de produits frais locaux et de cuisine régionale « réinterprétée » au travers d'ingrédients exotiques, souvent d'Extrême-Orient. En cuisine, la philosophie de Kevin Fehling peut assurément être élevée au rang de credo universel : d'après lui, il faut mêler « la perfection allemande, la tradition française, l'avant-garde espagnole, la passion italienne et l'humilité japonaise ».

Oublions la modestie hanséatique cinq minutes : il faut dire que culinairement, Hambourg est depuis longtemps dans le peloton de tête allemand. C'est dû entre autres aux nombreuses stars des fourneaux et de la télévision qui se sont installées à Hambourg. Ainsi, armés d'une ferveur quasimissionnaire, Cornelia Poletto, Tim Mälzer, Steffen Henssler ou Christian Rach réussissent en permanence à transformer de simples mangeurs en fins gourmets adeptes de mets sains et de qualité.

# bon appétit !

## GASTRONOMIE

tranche de rôti de bœuf ou de porc servie entre les deux moitiés d'un petit pain, qui permettait aux matelots sur le pont de manger en travaillant. Si l'on combine cette « invention » à la découverte du fait que la viande hachée, denrée très périssable, a meilleur goût cuite que crue, on obtient la fricadelle, présentée dans un livre de cuisine américain de 1842 sous le

servies avec une sauce aux câpres) ont rejoint les huîtres.

Cette institution montre bien que depuis quelques années, la gastronomie hambourgeoise maintient son cap : elle va de l'avant. La sophistication reste, mais les bastions de la gastronomie hambourgeoise ont été bien dépoussiérés. C'est le cas par exemple du « Fischerei-

Para ser sinceros, incluso los que son hanseáticos hasta la médula (sic) deberán admitir que la gastronomía de Hamburgo es más bien una cocina pragmática. «Hamburgo es un puerto rápido» se decía ya en los tiempos de la *Belle Époque* y, por ello, se servían platos que fueran lo más nutritivos y económicos posible: como la *Aalsuppe* (sopa de anguila), un consomé con huesos de jamón y restos de verduras, y que en realidad no lleva anguila, pero para el que según cuenta la leyenda «se echaba todo» lo que se encontraba en la cocina. Otra opción es el *Labskaus*, plato de marineros que consiste en un puré rosa claro que lleva cecina, remolacha y patatas, y que se sirve con huevos fritos y pepinillos en vinagre, con o sin arenques. En las ocasiones especiales, en las mesas de las familias de comerciantes se ofrecía *Hamburger Stubenküken*, pollo al estilo de Hamburgo.

Sí que hemos de recordar que algunas creaciones culinarias conocidas a nivel mundial han salido de las cocinas de Hamburgo. Se trata, por ejemplo, de la hamburguesa, cuyo origen se ve salpicado de leyenda. Probablemente, la receta de la hamburguesa primitiva se basara en una evolución marinera del *Rundstück warm*, una gran rodaja de asado de vacuno o de cerdo que se comía dentro de un bocadillo, lo que permitía a los marineros comer y trabajar en la cubierta al mismo tiempo. Si se combina este «invento» con el descubrimiento de que la carne picada perecedera sabe mejor asada que cruda, llegamos a las *Frikadellen*, que ya en el año 1842 aparecían con el nombre de «filete hamburgués» en un libro de cocina estadounidense. Sí, también las salchichas *Weißwurst* y *Currywurst* se crearon por primera vez entre el Alster y el Elba. ¡Y que los muniqueses y berlineses digan lo que quieran!

No obstante, hay que reconocer que los platos típicos de Hamburgo escasean. Cölln's Austernstube («El salón de las ostras de Cölln»), que surgió de una pescadería en 1833, ahora se llama Cölln's Mutterland. La moderna empresa de alimentación Mutterland, que se dedica íntegramente a las delicatesen alemanas, sigue con la gestión de esta institución en la calle Brodschrangen. A los hamburgueses, especialmente a los famosos y a la alta sociedad de la ciudad, no solo les gusta el Cölln's por su «típica comida hanseática» (con tan solo un plato de carne), los crustáceos gelatinosos y los cerca de 30 000 azulejos pintados a mano de las paredes (protegidos como patrimonio histórico, por supuesto), sino porque sus espacios

## así se come en hamburgo

### GASTRONOMÍA

reservados son perfectos para mantener conversaciones de negocios y políticas de manera discreta. En la actualidad, además de ostras, también se sirve mozzarella de búfala y *Königsberger Klopse* (albóndigas de carne con salsa de alcaparras).

En esta institución se aprecia claramente en qué dirección se mueve el panorama gastronómico de Hamburgo desde hace algunos años: hacia delante. Aunque bien es verdad que el término «distinguido» sigue siendo válido, se les ha quitado el polvo a los bastiones de la hospitalidad hanseática. Entre ellos se encuentran el Fischereihafen Restaurant en la calle Großen Elbstraße, que desde 1981 pertenece a la familia Kowalke y que, gracias a la alta calidad constante y al agradable servicio, simboliza el mascarón de proa de la tan de moda «*Fressmeile*» (milla gastronómica) en la ribera norte del Elba, donde se han establecido con éxito los mejores restaurantes de la ciudad. Podemos hablar tanto del Haerlin, el restaurante de dos estrellas en el hotel Fairmont Hotel Vier Jahreszeiten (chef Christoph Rüffer) como del Louis C. Jacob, con el chef de dos estrellas Thomas Martin, del Landhaus Scherrer, con el maestro Heinz O. Wehmann en los fogones o del Hotel auf dem Süllberg, donde Karlheinz Hauser (dos estrellas) gestiona a la vez varios establecimientos, o del restaurante de Kevin Fehling, The Table, en la HafenCity (por el momento, el único restaurante con tres estrellas Michelin en una metrópolis alemana): los productos frescos de la región y la gastronomía local que se reinterpreta de manera exquisita con ingredientes exóticos del lejano oriente no son ninguna moda pasajera. Sin duda, la filosofía culinaria de Kevin Fehling puede entenderse como un credo universal: «perfección alemana, tradición francesa, vanguardia española, pasión italiana, humildad japonesa».

De hecho, y aunque suene poco hanseático por lo poco modesto, no cabe duda de que Hamburgo hace tiempo que se colocó a la cabeza del panorama gastronómico alemán. De esto también se han encargado los numerosos cocineros televisivos que deambulan por la ciudad, como Cornelia Poletto, Tim Mälzer, Steffen Henssler o Christian Rach, quienes con afán misionero siempre consiguen transformar a simples comilones en refinados gourmets con aprecio por la comida buena y sana.

**Das spektakuläre Atrium des neuen
Hotels The Fontenay an der Außenalster.**
The spectacular atrium of the new hotel
The Fontenay by the Outer Alster.
**L'atrium spectaculaire du nouvel hôtel
The Fontenay, au bord de l'Alster extérieure.**
El espectacular atrio del nuevo Hotel
The Fontenay, situado a orillas del Außenalster.

**Betagter, aber nicht weniger luxuriös: Das Atlantic Kempinski
an der Außenalster und das Vier Jahreszeiten an der Binnenalster
(hier die Wohnhalle).**
Older but no less luxurious: the Atlantic Kempinski by the Outer
Alster and the Vier Jahreszeiten by the Inner Alster (here, the
'Wohnhalle' lounge).
**Plus anciens, mais non moins luxueux : l'Atlantic Kempinski,
au bord de l'Alster extérieure, et le Vier Jahreszeiten, au bord
de l'Alster intérieure (ici avec son salon).**
Con solera, pero no por ello menos lujosos: el Atlantic Kempinski,
junto al Außenalster, y el Vier Jahreszeiten, junto al Binnenalster
(el salón «Wohnhalle» en la imagen).

Das Louis C. Jacob an der Elbchaussee ist eine der
Top-Hotel- und Restaurantadressen der Stadt.
The Louis C. Jacob on Elbchaussee is one of the city's
finest hotels/restaurants.
Le « Louis C. Jacob », sur l'avenue Elbchaussee, est
l'un des meilleurs hôtels-restaurants de la ville.
El Louis C. Jacob de la Elbchaussee es uno de los mejores
hoteles de la ciudad y su restaurante no lo es menos.

In Mutterland Cölln's, Deutschlands ältester Austernstube, wurde das gastrono-
mische Konzept aufgefrischt. Die Wandfliesen stehen unter Denkmalschutz.
At Mutterland Cölln's, Germany's oldest oyster house, the menu has been given a
makeover. The wall tiles are a listed monument.
Le « Mutterland Cölln's », le plus ancien bar à huîtres d'Allemagne, a rafraîchi son
concept gastronomique. Ses carreaux muraux sont classés monument historique.
En Mutterland Cölln's, el salón de ostras más antiguo de Alemania, se le dio un giro
al concepto gastronómico. Los azulejos están protegidos como patrimonio histórico.

190

**Ein Platz an der Sonne findet sich auch auf der schmalsten Brücke – hier auf der Fleetinsel.**

You can find a place in the sun on the narrowest of bridges – here on the Fleetinsel 'island'.

**On trouve toujours une place au soleil, même sur les ponts les plus étroits – ici, sur l'île de la Fleetinsel.**

Hasta en los puentes más estrechos hay sitio para relajarse al sol, como aquí en la Fleetinsel.

**Hamburgs sandigste Bierquelle – die »Strandperle« am Elbufer, großes Schiffspanorama inklusive.**

Hamburg's sandiest watering hole, the Strandperle on the banks of the Elbe, offers stunning views of ships.

**Le bar le plus sablonneux de Hambourg – la « Strandperle », sur les bords de l'Elbe, avec la vue des bateaux en prime.**

En el Strandperle, a orillas del Elba, se puede tomar cerveza sobre la arena mientras se contempla el ir y venir de los barcos.

**Lunch oder Dinner, aber meistens mit Aussicht, genießt man in den vielen Restaurants entlang der Großen Elbstraße.**
Whether lunch or dinner, a great view is usually also served up by the many restaurants along Grosse Elbstrasse.
**Pour le déjeuner ou le dîner, la plupart des nombreux restaurants de la rue Große Elbstraße proposent une jolie vue.**
Los numerosos restaurantes de la Großen Elbstraße por lo general disponen de buenas vistas para acompañar el almuerzo o la cena.

**Der Schellfischposten ist regelmäßig im Fernsehen zu sehen.**
The Schellfischposten pub is regularly seen on TV.
**Le « Schnellfischposten » est régulièrement à la télévision.**
El bar Schellfischposten aparece en televisión regularmente.

**Hamburgs Touristen mögen die Deichstraße, auch kulinarisch.**
Tourists love Deichstrasse, including as a place to eat.
**Les touristes de Hambourg aiment la Deichstraße, notamment pour ses restaurants.**
A los turistas de Hamburgo les gusta la Deichstraße y su gastronomía.

**Jeden Mittwochabend wird der Spielbudenplatz zum Marktplatz mit Live-Musik.**

Every Wednesday evening, Spielbudenplatz square is transformed into a marketplace with live music.

**Tous les mercredis soir, le Spielbudenplatz accueille un marché et des concerts.**

Todos los miércoles por la tarde la música en directo inunda la Spielbudenplatz.

**Perfekt, um mittags mal die Seele baumeln zu lassen: die Magellan-Terrassen in der HafenCity.**

The Magellen Terrassen in the HafenCity: the perfect place to unwind over lunch.

**Les terrasses de Magellan, dans la HafenCity, un lieu propice à la détente pendant la pause déjeuner.**

Las Magellan Terrassen de la HafenCity son perfectas para desconectar y relajarse.

**Auch an den Landungsbrücken muss niemand hungrig bleiben. Die besten Fischbrötchen gibt's übrigens an der »Brücke 10«.**

There's no need to go hungry at Landungsbrücken. The best fish sandwiches can be found at Brücke 10.

**Même sur les Landungsbrücken, on ne meurt pas de faim. Le meilleur sandwich marin est proposé par le « Brücke 10 ».**

En Landungsbrücken tampoco debe quedarse nadie con hambre. El mejor bocadillo de pescado se encuentra en el Brücke 10.

# danke

ACKNOWLEDGEMENTS

REMERCIEMENTS

AGRADECIMIENTOS

»So schön ist Hamburg« lautet der Titel dieses Buches, das Sie gerade in den Händen halten, und es wäre fatal, diesem Werk zuzutrauen, es könne diese wunderbare Stadt tatsächlich vollständig ablichten oder gar beschreiben. Vor allem deswegen, weil die Weiterentwicklung einer Stadt auch immer mit Vergänglichkeit zu tun hat. Daher werden wir es leider nicht verhindern können, dass Sie nach ausgiebiger Betrachtung des Buches in, sagen wir, nur einem halben Jahr später feststellen könnten, dass es das eine oder andere plötzlich nicht mehr gibt oder es vollkommen anders aussieht. Betrachten Sie diese weitere, aktualisierte Neuausgabe des Ursprungsbuches aus dem Jahre 1976 daher als Inspiration.

An dieser Stelle möchte ich mich ganz herzlich bei meinen (zum Teil auch ehemaligen) Kolleginnen und Kollegen vom »Hamburger Abendblatt« bedanken: Vera Altrock, Hans-Juergen Fink, Dr. Matthias Gretzschel, Rainer Grünberg, Lars Haider, Mark Hübner-Weinhold, Matthias Iken, Irene Jung, Joachim Mischke, Olaf Preuß und Daniela Stürmlinger haben bereits vor zwölf Jahren für das damalige »Abendblatt«-Buchprojekt »So schön ist Hamburg« viele Sätze geschrieben, die man einfach nicht besser formulieren kann, und Fakten zusammengetragen, die sich bis in die Gegenwart hinein nicht geändert haben (können). Sie mögen es mir bitte nachsehen, dass ich mich daher mehrmals bei ihnen »bedient« habe, und wünsche mir von ihnen ein »Da nich für!«

Und ein besonders großer Dank gebührt Olaf Schulz, der diese Gemeinschaftsproduktion von Michael Zapf und mir mit sicherer Hand durch die manchmal raue See in den sicheren Hafen geschippert hat. Einmal mehr.

Hamburg, im August 2018,
Alexander Schuller

The book that you are holding in your hands is called *Delightful Hamburg*, but it would be a mistake to think that it could portray or describe this magnificent city in all its glory. Especially as transience is implicit in the city's continued growth and development. That's why there is no way of preventing 'one or two things' featured in this book from suddenly disappearing or being completely different in, say, just six months down the line. Therefore, you should regard this new and updated edition of the original book from 1976 as a source of inspiration.

I would like to take this opportunity to thank my colleagues (and, in some cases, former colleagues) from *Hamburger Abendblatt*: Vera Altrock, Hans-Juergen Fink, Dr Matthias Gretzschel, Rainer Grünberg, Lars Haider, Mark Hübner-Weinhold, Matthias Iken, Irene Jung, Joachim Mischke, Olaf Preuß and Daniela Stürmlinger contributed to the previ-

ous edition of the *Abendblatt* book project *Delightful Hamburg* twelve years ago, phrasing so many things so perfectly that there is no room for improvement and compiling facts that have not, and could not have, changed. I hope they don't mind that I have drawn on their work and accept my gratitude.

A special thank you goes to Olaf Schulz, whose steady hand steered this joint production between me and Michael Zapf through the occasionally rough seas and into the safety of port. Yet again.

Hamburg, August 2018,
Alexander Schuller

Le livre que vous tenez entre les mains porte le titre de « Hambourg la belle ». Ce serait une erreur de croire que cet ouvrage est capable de représenter ou de décrire cette magnifique ville dans ses moindres détails : la ville ne cesse d'évoluer et a donc nécessairement un caractère éphémère. C'est malheureusement inévitable : il se peut que six mois après que vous avez attentivement lu ce livre, vous constatiez que certaines choses ont disparu ou changé. Je vous invite donc à voir cette réédition mise à jour de l'ouvrage de 1976 comme une simple source d'inspiration.

Je souhaiterais en profiter pour remercier mes collègues ou, dans certains cas, anciens collègues de la rédaction du *Hamburger Abendblatt* : il y a douze ans déjà, à l'occasion du projet initié à l'époque par le *Hamburger Abendblatt*, « Hambourg la belle », Vera Altrock, Hans-Juergen Fink, Matthias Gretzschel, Rainer Grünberg, Lars Haider, Mark Hübner-Weinhold, Matthias Iken, Irene Jung, Joachim Mischke, Olaf Preuß et Daniela

Stürmlinger ont écrit divers textes de leur plus belle plume et rassemblé des faits qui n'ont pas changé et n'auraient pas pu changer. J'espère qu'ils me pardonneront de m'être « servi » dans ce « stock » ici ou là.

Un grand merci aussi et surtout à Olaf Schulz, qui a su, malgré des eaux parfois houleuses, mener d'une main de maître et à bon port la barque de cette coproduction entre Michael Zapf et moi-même... une fois de plus.

Hambourg, août 2018,
Alexander Schuller

*Bello Hamburgo* es el título de este libro que tiene entre sus manos, y sería fatal creer que esta obra podría realmente capturar o incluso describir esta maravillosa ciudad en su totalidad, sobre todo porque el desarrollo de una ciudad siempre tiene que ver con su carácter efímero. Por eso, no podemos evitar que cuando consulte el libro dentro de, digamos, solo medio año, se dé cuenta de que esto o aquello de repente ya no existe o de que tiene un aspecto completamente diferente. Considere que esta nueva edición actualizada del libro original de 1976 es una inspiración.

Llegados a este punto, me gustaría dar las gracias a todos mis compañeros y compañeras (algunos ya no lo son) del *Hamburger Abendblatt*: Vera Altrock, Hans-Juergen Fink, el Dr. Matthias Gretzschel, Rainer Grünberg, Lars Haider, Mark Hübner-Weinhold, Matthias Iken, Irene Jung, Joachim Mischke, Olaf Preuß y Daniela Stürmlinger redactaron hace ya doce años en el proyecto literario del *Abendblatt Bello Hamburgo*

muchas líneas que simplemente no pueden formularse mejor y en las que recogieron datos que no han cambiado hasta la fecha. Discúlpenme por haberme «servido» de ustedes en varias ocasiones y espero que me respondan con un «*Da nich für!*» (de nada).

Por último, merece un agradecimiento especial Olaf Schulz, quien, con mano firme y en ocasiones mar gruesa, ha llevado a buen puerto esta coproducción de Michael Zapf y un servidor. Una vez más.

Hamburgo, en agosto de 2018,
Alexander Schuller

# biografien

ABOUT THE AUTHORS

BIOGRAPHIES

BIOGRAFÍA

© Svenja Zapf

© Martina van Kann

Michael Zapf, 53, fotografiert seit 35 Jahren in seiner Heimatstadt Hamburg. Gleich nach der Schule machte er sich selbstständig und fotografierte zunächst Sportereignisse für Tageszeitungen und Agenturen. In den vergangenen 30 Jahren porträtierte er seine Lieblingsstadt. Seine Fotos werden in Tageszeitungen, Magazinen und Büchern publiziert und befinden sich in öffentlichen und privaten Sammlungen. Zahlreiche Bildbände von Michael Zapf erschienen zu Hamburger und norddeutschen Themen, beispielsweise »Hamburg von oben«, »Die nordfriesischen Inseln und Halligen – Eine Luftbildreise«, »Hamburg – Bilder einer großen Stadt« und »Elbphilharmonie«.

Alexander Schuller, Jahrgang 1961, kam zwar in München zur Welt, doch er wurde »gerade noch rechtzeitig«, wie er sagt, von seinen Eltern im Alter von eineinhalb Jahren nach Hamburg »verschleppt«. Heute kann sich der Journalist und Autor, der seit 2010 auch regelmäßig fürs Hamburger Abendblatt schreibt, jedenfalls überhaupt nicht vorstellen, jemals wieder aus Hamburg wegzuziehen. Schuller hat bisher rund 40 Bücher veröffentlicht – von Sachbüchern über Biografien bis hin zu Kriminalromanen.

Michael Zapf, 53, has been working as a photographer in his home city of Hamburg for 35 years. He went freelance as soon as he left school, starting his career as a sports photographer for newspapers and agencies. He has been capturing his favourite city for the past 30 years – and his photos are not only published in newspapers, magazines and books, but also appear in public and private collections. Michael Zapf has released numerous photographic books on subjects connected with Hamburg and northern Germany, such as *Hamburg von oben* [Hamburg from above] *Die Nordfriesischen Inseln und Halligen: Eine Luftbildreise* [The North Frisian Islands and 'Halligen': a Photographic Journey from the Air], *Hamburg. Bilder einer großen Stadt* [Hamburg. Images of a Great City] and *Elbphilharmonie*.

Although Alexander Schuller was born in 1961 in Munich, his parents 'uprooted' him to Hamburg at the age of 18 months or, as he likes to say, 'just in time'. This journalist and author has been a regular contributor to the *Hamburger Abendblatt* newspaper since 2010 and simply could not imagine living anywhere other than Hamburg. Schuller has already published some 40 or so books, ranging from non-fiction and biographies through to detective novels.

Michael Zapf, 53 ans, exerce son métier de photographe depuis 35 ans dans sa ville natale, Hambourg. Juste après avoir fini l'école, il s'est mis à son compte, photographiant dans un premier temps des évènements sportifs pour le compte de quotidiens et d'agences. Depuis 30 ans, il met en scène la beauté de sa ville préférée. Ses photos sont publiées dans des quotidiens, des magazines et des livres ; on les retrouve également dans plusieurs collections privées et publiques. Michael Zapf a publié de nombreux livres de photographies sur Hambourg et sur l'Allemagne du Nord, tels que *Hamburg von oben* [Hambourg vue d'en haut], *Die nordfriesischen Inseln und Halligen – Eine Luftbildreise* [Les îles de Frise septentrionale et Halligen – voyage en vues aériennes], *Hamburg – Bilder einer großen Stadt* [Hambourg – images d'une grande ville], *Elbphilharmonie*.

Alexander Schuller, né en 1961, a certes vu le jour à Munich, mais ses parents l'ont « traîné » à Hambourg « juste à temps », selon ses propres mots, alors qu'il avait un an et demi. Aujourd'hui, le journaliste et auteur, qui écrit régulièrement pour le quotidien allemand *Hamburger Abendblatt*, ne pourrait s'imaginer vivre ailleurs qu'à Hambourg. Il a une quarantaine de livres à son actif, du livre documentaire aux biographies en passant par les romans policiers.

Michael Zapf, de 53 años, lleva 35 fotografiando en su ciudad natal de Hamburgo. Tras finalizar sus estudios, se hizo autónomo y empezó haciendo fotografía deportiva para periódicos y agencias. En los últimos 30 años no ha dejado de fotografiar su ciudad favorita. Sus imágenes se publican en periódicos, revistas y libros y forman parte de colecciones públicas y privadas. Muchas de las obras ilustradas de Michael Zapf tienen como temática Hamburgo y el norte de Alemania, como el libro de fotografías aéreas *Hamburg von oben*, el dedicado a las islas Frisias *Die nordfriesischen Inseln und Halligen – Eine Luftbildreise*, el de su cuidad *Hamburg – Bilder einer großen Stadt* y *Elbphilharmonie*, centrado en la Filarmónica del Elba.

Alexander Schuller nació en Múnich en 1961 pero, en sus propias palabras, sus padres «lo secuestraron a tiempo para llevarlo a Hamburgo» cuando apenas tenía año y medio. Actualmente, este periodista y escritor, que desde 2010 colabora habitualmente con el *Hamburger Abendblatt*, no puede ni imaginarse vivir fuera de la ciudad de Hamburgo. Hasta la fecha, Schuller ha publicado alrededor de 40 libros, que van desde la no ficción a biografías y novelas policíacas.

# impressum

**Herausgeber** Hamburger Abendblatt

**Bilder/Titel** Michael Zapf
**Text** Alexander Schuller

**Projektleitung** Olaf Schulz
**Gesamtleitung Hamburger Abendblatt Marketing & Events** Vivian Hecker

**Gestaltung** formlabor, Hamburg
**Lithografie** Alexander Langenhagen, edelweiß publish, Hamburg
**Druck** Firmengruppe APPL, aprinta druck GmbH
**Vertrieb** Klartext Verlag,
Jakob Funke Medien Beteiligungs GmbH & Co. KG,
Friedrichstr. 34–38, 45128 Essen
**Lektorat** WIENERS+WIENERS, Ahrensburg

Printed in Germany
Copyright Zeitungsgruppe Hamburg GmbH/Hamburger Abendblatt 2018
1. Auflage 2018

www.abendblatt.de

ISBN 978-3-8375-2041-5